EARTH

取之自然的
實用威卡魔法
大地魔法
TECHNIQUES
OF
NATURAL MAGIC
史考特・康寧罕—著 林惠敏—譯

POWER

大地魔法

出　　版／楓樹林出版事業有限公司
地　　址／新北市板橋區信義路163巷3號10樓
郵政劃撥／19907596 楓書坊文化出版社
網　　址／www.maplebook.com.tw
電　　話／02-2957-6096
傳　　真／02-2957-6435
作　　者／史考特・康寧罕
譯　　者／林惠敏
企劃編輯／陳依萱
校　　對／黃薇霓、周佳薇
港澳經銷／泛華發行代理有限公司
定　　價／420元
初版日期／2022年3月

國家圖書館出版品預行編目資料

大地魔法 / 史考特・康寧罕作；林惠敏翻譯. -- 初版. -- 新北市：楓樹林出版事業有限公司, 2022.03　面；　公分

ISBN 978-626-7108-00-0（平裝）

1. CST: 巫術 2.CST: 咒語

295　　110021910

✦ 推薦序

亙古至今的魔法力量

魔法存在於自身與萬物互動之過程，其操作並非空談，而是經驗累積過程中淬煉之內在的潛能，由意念、意圖引出人與生俱來之潛能「意志力」是魔法構成的基本要素。為盡其所能的達到目標使萬物呼應，與自身貼近並落實生活，是魔法的真實面。

本書喚起人與自然連結的記憶，協助我們憶起古老儀式中最初始的意象，如土壤中的生命之力、水中的潤澤與流動之力、風的傳達與擴散之力、火焰的破壞與重構之力，這些意象亙古至今有神祕的魔法力量，於四季更迭、日月交替中交織。作者亦記述許多古老的魔法，有關於石頭、樹木的應用魔法，形象魔法、繩結魔法、鏡子魔法、蠟燭魔法等實用且易於施作的魔法，在瞭解屬性、原理與安全禁忌這些概念後，更能使魔法生活化，融入生活中增添靈感，帶來充滿徵兆、直覺、細膩感受的生活，如遠古的神靈始終看護著我們。

於今社會變化速度快，當代價值多元且動盪，如何回歸自身且釐清精神與物質的平衡，成了每個人需要探索的子題。大地魔法是一種連結的形式，連結儀式中智慧與力量的共榮，悉知萬物有其力量，這些力量徵象存有於我們的生活中，我們便不再孤單、也不再對環境冷酷，連結與呼應大地的力量更得以協助人們統合自身不論陰性、陽性、正或負的面向，皆能透過自然之力的推展、淨化、重整、再啟。

感謝本書問世於台灣付梓，願萬物靈性照拂我們的魔法道途。願讀者透過本書認識大地魔法，知曉元素能量與內在力量的顯化關鍵，並善用大自然保護、豐饒、治癒之力創造美好生活。

「寓言盒子」版主／詹文貞

致謝

許多人協助了這本書的創作，以及我自身的魔法發展。這些人（我的師友們）包括 John 和 Elaine、Morgan、Ginny、Don、Donald、Morgana、Juanita、Ed 和 Marilee、La Dora、Judith 以及 Raven 等人，他們都為這本書的完成奉獻了時間和知識。

也要感謝 Don Kraig、Juanita Peterson 和 David Harrington 提供對原稿的寶貴批評，以及 Harrington 先生的校稿。

目次

✦序言

我從很早就受到大自然各種展現形式所吸引。看到野花盛開的一隅、花崗岩峭壁的紋理、草原中的雷雨難以遏止的猛烈來襲，這些畫面都是我最鮮明的兒時記憶。

當我的同儕在討論足球，或是研究引擎和氣化器的奧祕時，我凝視夜空，試圖理解宇宙的浩瀚。在思索這無邊無際的問題時，我感到敬畏和恐懼。關於夜空的漆黑和其中的光點等問題，又導引出其他關於我熱愛的自然世界的問題。

當我發現即使連科學都無法為我追尋大多數的問題提供解答時，我開始將人生目標轉向解釋和解答這部分的自然奧祕。

在尋找答案的過程中，我無意中發現誕生於世界遙遠地區，幾乎已快被人遺忘的宗教和魔法系統。片段資訊以古陶文和魔法論著的形式開始為人所知。當我發現魔法時，我知道答案就在我眼前，於是展開使用大自然力量的魔法實踐。

我全神貫注在研究五花八門的魔法形式。我認識了魔法師和巫師，他們的玄祕教誨促進了我的學習。多年後，我終於明白，魔法之道只在與自然之力合作的人面前顯現。這些祕密都寫在蜿蜒曲折的河流和漂浮的雲中；轟鳴的海洋和涼爽的微風以低語傾訴，迴盪在洞穴、岩石和森林之間。

魔法很可能是現存最古老的科學，然而在現實世界的實踐上也是最容易被誤解的領域，即使是部分自稱為魔法師的人也未必能真正理解。

魔法是與大自然力量合作，以帶來必要改變的藝術。這就是魔法，純淨而簡單。可以地、風、火與水表現的大自然力量早在人類出現之前便存在這個星球。這些力量可視為靈性先祖從史前的創作之海中為我們的現身鋪好了道路。

適應這些魔法能量並與之合作不只能借給你力量去影響生活中的重大變化，也能讓你覺察到自己在廣大大自然藍圖中的位置，或許這就是自然魔法師獲得的最滿意成果。

我對知識的追尋讓我開始鑽研大地魔法。我一直在使用這些古老的方式改善生活，同時加深了解其價值和目的。而願意努力嘗試的人總是會有所收穫。

周遭俯拾即是的工具和力量正等著我們去掌握和運用。在這樣的協助下，我們能充分開發自己的潛能。

這並非透過征服和控制大地才能實現，傾聽地球的節奏並與它們融為一體，就能成為真正的魔法師，在與自然萬物和諧相處的情況下施展我們的魔法。

透過自然魔法，我找到了許多問題的答案。然而，本書並非對自然魔法的解釋，因為那是沒有效益的。這是本實踐指南，任何使用的人將會找到自己的答案。

✦引言

這是一本民間魔法書，也就是適合一般大眾的魔法，因此和相關主題的其他出版作品幾乎都不相同。

這並不是要在蠟製的五芒星上刻劃符號、不是舉起光劍畫三個圓圈，也不是要從荒涼的洞穴裡召喚惡靈。本書涉及的是更簡單、較不複雜的魔法。

這些是流傳自民間的方法，來自人們還在種植穀物和蔬菜、飼養動物、紡紗和織布來製衣的時代，那時人們想要什麼幾乎都可以輕易製作，或是透過交易方式取得。

男人、女人和小孩為了溫飽和保有住所而從早工作到晚。他們世界裡的一切都是手工製作的，因此也包括他們的宗教和魔法。

這些人就是大地之子，他們每天在大地上生活、呼吸著，並與之合作。他們也留下了相關的傳承，待我們重新探索這些自然魔法。

本書提供的是部分已經過實踐的自然魔法，包括有關海洋、河川和泉水、日月、風暴和雨、樹、結和鏡子等咒術。

這裡提供的是每個人都可以施行，並帶來驚人成果，具神奇效果的魔法！

但這不只是一本咒術書，在這些紙本文字的背後隱含著更深的意義。魔法的真正奧妙之處在於大自然。在實行這些咒語時，我們要接觸大自然，而且任何人都可以從中探索大自然的祕密。

大自然、地球及宇宙，都是偉大的創始者。我們必須要向祂們尋求協助，才能得以洞見一直都存在於我們身邊的事物。

BASICS
Part 1

基礎原理

第一部分

接觸大地

Touching The Earth

1

✦

月亮在星空中散發出神祕的光芒，此時有個孤單的身影來到空無一人的海灘。

人影停了下來，俯身拾取被洶湧海浪沖至海岸上的灰色木棍。人影將木棍的鈍端推入潮濕的沙中，開始畫起符號。

一波海浪拍打過來。人影向後退，就在迎面而來的海水掃過符號時，颳起了一陣風，將緊裹著的圍巾向後吹，在柔和的月光下浮現了一張女人的臉。

她微笑著，對已施做的符咒感到自信，坐著聆聽海洋拍打的節奏。

為何這位女性要在這天晚上來到海邊？為何她在沙灘上畫了符號？而且為何這些簡單的動作便構成魔法？

自然魔法，不如說是大自然的魔法，是不

複雜且直接的魔法技術分支，來自世界各地人們億萬年的實驗。這或許也回應了大自然無限的力量、瞬息萬變的季節、花苞的綻放，及幼兒的誕生時的可見力量。

自然魔法採用的方式普遍旨在與大自然的力量與能量合作，以帶來必要的改變。儘管這些技術或許似乎看來過於簡單，甚至不夠成熟，但依舊有效。

上述的女性就是在進行自然魔法。她與海洋這個數十萬年來受人尊敬崇拜的永恆能量來源合作，以及使用符號來導引海洋的能量。符號體系（魔法與潛意識的語言）是一種魔法簡寫。儘管符號和盧恩符文本身便具有力量，但實際上它們也能將能量導引至特定的目的。換句話說，是符號在告訴魔法該怎麼做。

因此這位女性在月夜下來到海邊，是為了運用海洋的能量，並在沙灘上畫符號以集中力量。當海浪沖刷符號時，也釋放它自身的力量，魔法因而展開。

儘管這天晚上的施法可能需要幾天的時間才會開花結果，但魔法肯定會生效，時間淬鍊和其他經驗便是佐證。

自然魔法是直接且切中要點的。不論你聽過什麼樣的傳聞，魔法並非超自然、不自然或甚至是外星人的產物。它就在我們的後院、我們的家中，就在於生命的本質中。為魔法賦予力量的是大自然，而非來自妖魔鬼怪、撒旦或墮天使。

魔法最神祕的地方之一，就是它一點也不神祕。相反地，這些神祕之處不斷在我們身邊顯現。研究單純的玫瑰開花、草葉、有葉脈的葉子，或是穿過茂密樹林的風聲，都透露出同樣的道理，甚至更重要的是，這些現象比起文藝復興時期大量塵封的巨著更涉及魔法真正的性質。

這些篇章中充滿這樣的魔法。儘管本書中含有的部分技巧或許超出大自然的範疇，例如鏡子魔法，但這只突顯大自然不只是我們腳下堅固的泥土，或是午後天空中絢爛的彩虹。

大自然就是宇宙本身，不只是力量，也包括各種展現。如鏡子等部分的展現雖為人為製造，但就符號體系而言也與大自然相關，並運用了大自然的力量。

在我們身處越來越機械化的紀元裡，許多人發現自己被隔絕在這個供養並支持他們生命的星球之外，忘了我們對大地有多依賴。許多人在不知不覺中切斷了他們與大地的自然連結。因此，使得今日個人和全球層面都極為動盪。

大地魔法有助於整理、應付和解決我們個人面臨的許多危機和問題。確實，大地魔法並非全球問題的簡單解方，但它可為我們的生活帶來秩序，這就是好的開始。

在魔法的思維中，人體是大地的「縮影」，而大地則是「整體」；大地也是宇宙的縮影。換句話說，我們就是這個星球的本質描繪，因此也是宇宙的本質描繪。因此，當我們改變自己，我們也改變了大地和宇宙。

魔法可有效為我們的生活帶來這樣的改變，因此也可以為大地本身帶來改變。這些改變必定是正向的。本書不含任何惡意或負面的魔法，因為這世界負面的事物已經夠多了。

所有魔法、玄學之路和神祕宗教的目標都是為了讓自身更臻於完善，儘管這或許無法在一世中完成，但自我提升是我們可以輕易掌握的。透過這特殊的行為，大地會變得健康許多。

如果你實行本書中的任何魔法，不論是在沙地上畫個愛心、盯著鏡子一窺未來，或是綁繩結來幫助陷入困境的朋友，都請記住你施法的較高面向，即你正在改善並協助治癒這個飽受我們摧殘的世界。

這也是自然魔法的實踐者很值得受人景仰的原因。

魔法原理解析

Magic Spelled Out

2

✦

魔法是運用大自然的自然之力帶來所需的改變。

魔法師會運用工具來協助召喚、喚醒和導引這些能量，可使用昂貴的物品，例如鑲嵌珠寶的匕首和閃閃發光的銀製香爐，或是如樹枝和岩石等自然物。本書必需的工具皆來自大自然。石頭、樹、河流、樹葉和植物便構成自然魔法的工具清單，也包括如鏡子、蠟燭和繩子等現成物品。

這些工具的操作，再搭配驅動的需求，經常就足以使魔法發揮效用；讓部分的自然力量開始帶來你所需要的改變。魔法貌似簡單且難以置信地容易，在閱讀本書時也應記得這就是事實。

隨意將石頭插在地上、拿著樹葉，或是畫

出汽車的圖，這些行為本身是沒有作用的。

只有在充滿感情的狀態下執行這些動作，才能帶來改變，魔法才會真正實現。

為了執行有效的魔法，必須存有三項要素：需求、情感和知識。

✦三項要素✦

需求應簡單。某天早上醒來，你感到頭痛欲裂，而且無法擺脫這樣的症狀、你可能發現自己在月底之前需要三千塊，或是有個朋友可能正在尋找新的戀情。在上述的所有情況中都存有需求。

但需求不應和慾望混為一談。慾望往往是稍縱即逝的；某人在某天早上渴求的東西可能在隔天早上就因其他的事項而被擱置一旁。慾望是突如其來的衝動；需求則是讓我們有深切感受、重大到會令我們全心全意投入的狀態。

情感也必須明確。例如，你可能需要一份工作，但如果你沒有將情緒投入在找工作中，而是聚焦於擔心、焦慮或苦惱，那麼全世界的咒術都無法幫你找到工作。

這也是為何有時幫別人施咒是沒有效的，除非你能為他們的需求感同深受。

而知識也構成魔法學說的主體。換句話說，咒術或儀式，或是它們背後的基本理論，讓你可以創造出屬於自己的魔法。

某個咒術或儀式只是其中一種做法，而做法有很多，每種符咒都有許多可能的變化。基本原則很簡單，書中多處都會討論到這些原則。

只要三項要素齊備，任何事都可以完成，唯一會帶來限制的是我們的經驗和時間。前者是關鍵，只有施行魔法你才會知道到底有沒有效。

魔法有點像是未知的天橋，一開始你會輕輕地踩上去，看看是否安全。

過了一會兒，你會自信地大步向前邁進，知道該踩在哪裡，以及該避開哪裡。

許多人帶著懷疑接觸魔法，半信半疑地學習，但卻無法在沒有證據的情況下繼續相信。

這是很合理的，相信是一回事，但未解知識又是另外一回事。即使帶有信念，還是有可能為假象。然而學習新知識就是這樣，經驗的成果會讓你能夠完全接受某件事。

唯有努力和堅持不懈，才能打破如疑慮和錯誤信念等限制。許多人認為相信是需要透過努力，但這純粹是個人選擇。

✦魔法道德✦

道德？在魔法中？

沒錯，這並不是指社會或個人的價值觀和倫理，因為這些都是瞬息萬變的，而是指靈性意義的道德。

魔法應為了正面效果而施，絕對不應用在負面效果上。操控力量以導致疾病、痛苦、死亡、破壞、偷竊或傷害其他人的財產，或是控制其他人，都屬於負面的魔法。後者包含強迫某人愛上你或其他人、強迫某人與你性交、破壞婚姻或戀情、改變其他人的想法，或是強迫某人做他們不想做的事。

魔法並非開放讓自私的衝動可以因一時興起而滿足。危險會降臨在執行負面魔法的人身上。這樣的魔法可能會實現，但其效果不值得以重大的懲罰交換。

魔法的原理就是你實行什麼樣的魔法，就會得到什麼。如果你執行的是有益的魔法，你應該也能收穫慷慨的饋贈。然而，負面的魔法師只會獲得負面的事物，而且這樣的魔法最終會摧毀魔法的施做者。

根據這樣的原則，似乎沒有執行負面魔法（經常被稱為「黑魔法」）的理由。沒有理由，但還是有不相信的人繼續這麼做，而他們也將受到他們所做所為的結果。

當然這是魔法有益的面向，讓創造魔法和使用的人令人景仰。負面的魔法總是有追隨者。有些人受到邪惡所吸引，因一時的力量而盲目，看不見光明，一直到為時已晚。

本書中的部分魔法是具有破壞性的，而這可能會引發某種困惑。我們大多會從破壞聯想到邪惡。然而，負面事物（例如壞習慣、執著、疾病等等）的破壞本身不帶惡意。既然這沒有傷害到任何人，甚至會帶來實際的幫助，將這視為正面的魔法是沒有問題的。

✦ 為自己施展魔法 ✦

為自己施展魔法並非自私，而是讓這世界更美好。許多人似乎以為為朋友施咒很好，但從來不為自己做點什麼。

這是令人遺憾的想法，而且應該儘快去除，因為只有當你健康、快樂，而且經濟狀況穩定時，你才能去幫助別人，就像你必須先愛自己，才能期待別人會愛你。

這部分的困惑來自使用的技術，應避免可以幫助你但卻會傷害他人的魔法，因為這並不符合魔法道德。

通常會有可以改善自己或自己的生活而無須傷害他人的方法，這才是應該使用的魔法。

只要不會傷害任何人，千萬不要認為為自己執行魔法是貪心的。

✦ 為他人施展魔法 ✦

如果你讓人知道你的魔法活動，其他人會來找你並請你施法。你將決定是否要為他們施展魔法，而這樣的決定必須根據幾項因素。

講到為他人施展魔法只有一項困難但快速的法則：感覺對了就去做，如果感覺不對，就不要做。

人們在請求施法時可能會守口如瓶。他們往往會渲染自己的說法，或是公然說謊，想說服你幫忙施法。

即使是好友也可能在某些事情上看不清真相，或是可能對某個事件小題大作。基於種種理由，你可能會使用魔法來處理可能根本不存在的問題，也因此浪費了你的時間和能量。

人們也會想要你用魔法為他們完成自己捲起袖子、付出努力便可以靠自己做到的事。在面對這些未說出口的想法、隱藏的真相、謊言和欺騙時，你可以怎麼做？在魔法上，最好執行占卜的動作來獲取部分答案。

✦ 占卜 ✦

占卜是讓未知成為已知的魔法程序。有許多工具可用來進行占卜：鏡子、雲、茶葉、咖啡渣、塔羅牌、塵埃或風，幾乎任何東西都可以用來作為探索潛意識或通靈、心靈的儀器。

另一種占卜是讓宇宙力量透過移動物品或象徵物來決定未來。

對於我們當中沒有通靈意識，也不刻意通靈的人來說，占卜只需短暫的片刻便能讓我們得以一窺未來。透過隨機圖案、思考或其他焦點等運用，突如其來的靈感（總是會被我們的潛意識所接收）漸漸流向我們的意識，也因此能讓我們更清楚。

占卜也涉及許多物品的運用和操作，不論是透過魔法師還是大自然本身的力量來揭露未來。這些物品包含石頭、花朵和火焰。部分的占卜形式會同時運用上述兩種方式。

占卜在魔法中扮演著非常重要的角色，因為它讓我們得知某個狀況周遭的所有條件，尤其是當有朋友要求你施展魔法時。因此，這讓我們可以依據更全面性的資訊來理性決定是否要施法。

一般而言，在進行任何魔法程序之前，應先以占卜來確認需求確實存在、情感確實足夠，以及所知是可靠且正確的。

但占卜並不僅限於魔法提問，也能用來作為日常生活中突然發生的問題指引。

大多數的方法都很簡短，經過練習後應該可為你帶來效果。

由於占卜的方式有很多，最好還是多方實驗，直到找到適合自己的占卜法。本書將會討論許多不同方法。

小提醒：在用占卜來窺探未來時，占卜會概述可能的事件。如果你不喜歡自己預見的情況，請採取行動來改變生活，讓未來不要成真。

✦力量手✦

魔法的力量語言由身體產生，而這也用於部分的咒術和儀式中，也是這部分的宇宙能量維持著我們的身體運作。這部分的力量是在執行魔法時，從自己的情緒狀態所釋放，並伴隨著其他你為了顯化需求所提升的能量而傳送。

力量手指的就是釋放這些力量的手，即用來寫字的手。如果你雙手都很靈活，可以左右開弓，那就選擇一隻手並持續使用同一隻手。

在魔法上，這隻手用於呈現、控制、施展，或是以儀式執行部分咒術。

在特定的儀式中最好使用你用來寫字的手，因為這是有技能的手，因此被視為可自然釋出能量的手。因此，如果你用力量手畫出代表你需求的符號，那麼符號本身會被注入你些許的能量。

這些始終是魔法的基本原則。

有人說魔法是最早的宗教信仰，而且如果你充滿愛地運用大自然的力量去帶來有益的改變，你也會和這些力量合而為一。

這些就是被擬人化為男神和女神的力量。

與這些力量取得協調是靈性的經驗，也是所有真正宗教的基礎。

技術
Techniques

3

✦

執行自然魔法所需的技術非常簡單易學，純熟度完全取決練習的意願。魔法就和其他的技術一樣，熟能生巧。

本章節包含幾個簡短且不相連的段落，用來介紹本書中你需要做的一些事。

將所有的指示都放在一個章節裡便可省去在全書中不斷重複的麻煩。

本章節中提出的任何問題都將在本書中後面討論實際儀式和咒術時回答。

✦ 符號學 ✦

既然無意識心靈可透過符號運作，那麼培養詮釋這些符號，以解讀其中意義的能力便非常重要。

除了你以外，不會有別人（真正）知道這些符號對你的意義。這些從你的潛意識中撈出的符號是極其私密的，別人的詮釋可能大錯特錯。

然而，稍微了解傳統的符號學可能有助於說明符號的運作，以及如何使用心靈思維工具來解碼。

如果你點火，請等到火熄滅，然後盯著煤炭看（見第7章：火系魔法），你可能會看到一隻烏龜的形狀。

這就是符號象徵。為了探索其中的意義，你可以查詢本章，或是其他關於符號學的書，但這是最不可靠的途徑。

相反地，請看著符號本身：一隻烏龜。你會立即想到什麼？移動緩慢的生物、或許是水棲動物。硬殼、可以躲在殼中逃避外在世界，以及多產，烏龜可產下數百顆蛋。

和烏龜有關的聯想不勝枚舉，你接下來的任務就是看看這些聯想和你詢問的問題有什麼關係。如果你問的是為何自己似乎無法留住一段感情，或許你的靈性在對你說因為你的行動像烏龜一樣：遲鈍、移動緩慢，總是躲在自己的世界裡。

只需留意和你的問題相關的符號特性，很快地，你就會得到答案。

如果你沒有問問題，也可用同樣方式判斷可能的未來，即將符號相關的聯想套用到你的生活中。答案就會浮現。

儘管這個程序有時可能很困難，而且需要時間和努力，但這是任何占卜行為的基本要素之一——一旦取得符號或圖像，就必須進行詮釋。

本章節可作為指導方針，但請記住，這些只是某些常見符號的參考意義，如果你極度不認同任何一種意義，請忠於自己的直覺，這才是最好的方式。

橡實：男人、青春、力量

飛機：旅行、新計畫

錨：航程、休息

箭：消息

籃子：禮物

嬰兒：新的興趣

蜜蜂、**蜂巢**、**蜂窩**：工業、節儉、辛勤工作

鈴：慶祝、婚姻（鈴會迎來新事物，但也會送走舊事物，所以也可能是指艱難的時

期到來）

鳥：靈力、航行、活動、移動、好運

船：新發現

書：智慧

掃帚：清潔、女性特質、居家生活、淨化、療癒、負面衝突

蝴蝶：瑣碎的事、可有可無的事物

籠子、監獄：限制、隔離、孤獨

貓：智慧、理智主義、超然態度

大釜：轉化、重大改變、女性、新的開始、結束

鐘：死亡、任何顯示的時間、改變

雲：頭痛、精神問題、心靈、想法

棺材：出乎意料的，這並不是指死亡，而是煩人但並不嚴重的宿疾

乳牛：錢、繁榮

搖籃：陌生人

新月：新鮮、新奇、母親、女性

豐饒角[1]：生育力、保護、繁榮、動物、控制

十字形：勢均力敵，指大自然的力量、元素、運作的大量能量；基督教——宗教、安慰、受苦

王冠：成功

捲線桿：創造力、改變、性慾、轉化

狗：愛、朋友、忠誠

鴨：財富、大量

蛋：增加、生育力、幸運

眼睛：內省、審視、評估

魚：性慾、豐饒、幸運的投機行為

火焰、**火**：淨化、改變、意志、統治、驅動力

手套：幸運、保護

槍、**手槍**、**步槍**：不和諧、災難、誹謗

帽子：對手、榮譽

心：愛、愉悅

號角：生育力、敬神、靈性、自然之力

馬：力量、旅行、優雅

馬蹄鐵：幸運、保護、旅行

沙漏：謹慎

房子：成功

蜂鳥：溝通、訪客

鑰匙：神祕事物、啟蒙、防衛、繁榮、生育力

結：表現、障礙、婚姻、束縛、限制

梯子：騷動、太陽、上升、下降、演變、開始

獅子：影響、高貴、權勢、力量、凶猛

鎖：障礙、保護、安全、防衛

鏡子：逆轉、月亮、女性、愛、反思、美、知識、轉移、溝通

山：旅程、阻礙

---

1 CORNUCOPIA，希臘神話中用來哺育宙斯的羊的角，是豐饒的象徵。

老鼠：貧窮、竊盜

菇類：庇護所、食物

釘子：疼痛、劇痛

貓頭鷹：智慧

鸚鵡：莽撞無禮、彩色、醜聞

孔雀：奢華、華麗、虛榮

鳳梨：熱情好客、安逸的生活

松果：食物、營養、冬季

錢包：獲利、錢

戒指：婚姻、控制、永恆

玫瑰：愛、逝去的愛、生活富饒、過去

鹽：純淨、淨化、錢、穩定度、基礎、清潔、療癒

秤：平衡、正義

剪刀：爭吵、分離

蛋殼：創造力、好運、錢、繁榮、情緒穩定

船：增加、旅行、消息
骷髏畫[2]：死亡、復甦、舒適、安慰
蛇：智慧、永恆、男子氣概、男人、保密、知識
蜘蛛：非常好運、機靈、保密、隱藏的事物、錢
湯匙：幸運
星星：絕佳的好運、神明的庇護、幸運、財富、殊榮、受到敬重、成功
天鵝：好運、戀人
劍：生命、死亡、衝突、爭執、負面事物
樹：好運、大自然的力量、年齡、穩定、力量
三角形：尖端向上為好運，向下為厄運
烏龜：遲緩、生育力、後退、停滯
井：靈性、靈感、大地之母、愛
輪子：季節、轉世、完成、結束、永遠

2　由一個骷髏和兩根交叉的大腿骨所組成的圖，象徵死亡、致命或危險，也會畫在過去的海盜旗上。

請記住，以上僅是建議，我無法確切地告訴你美國國旗對你有何意義，就像你也無法知道山羊對我來說有何個人意義，只有與符碼合作的人才能透過自身的心靈得知符碼的祕密。

✦ 想像與觀想 ✦

這兩者的意義就和字面上一樣，想像力是人類生產萬物的源頭，讓魔法發揮效用的正是這重大的工具。

在進行占卜時（見第2章：魔法原理解析），想像力是解讀符碼所不可或缺的能力。在執行魔法時，觀想自己的需求也需要用到想像力。

想像力並非不受控的心靈無限蔓延。就像是專業藝術家的作品，他用畫筆和顏料創作出精緻而完整的圖畫，想像力可以像這些顏料和畫筆一樣，用來產生你需要的完美圖像。

想像力是以創意方式運用心靈的能力。「創造性」一詞與「創意」相關，你確實可以「創造」出你所想像，或者說觀想的事物。這就是魔法的基礎之一：觀想，而這可以透過想像去完成。

你現在當然可以觀想溫暖的夏威夷海灘，即使你從未到過這個群島。你也可以觀想一朵雛菊或一通電話。

在魔法中，想像力可以用來觀想需求。

如果出於某種理由而無法觀想需求，那就觀想類似的象徵。或許可觀想鴿子來代表和平，或用玫瑰來象徵愛情。

✦ 窺視預測（Scrying）✦

窺視預測是最常見的占卜形式之一，就是單純地看著某個容器、表面或材料。本書涵蓋各式各樣的窺視預測法，可運用從火到水等各種事物。

窺視預測的祕訣在於放鬆。如果你緊繃地坐著，眼睛拚命地到處看，試著想找出符碼，那你就會失敗。

請放鬆地注視，符碼就會自動找上你。

這或許聽起來太過簡單，但事實就是如此。有些方法會比其他方法更有效，因此你必須經過實際的實驗才能找到最適合自己的方法。

窺視預測法會因多種因素而奏效。隨機圖案會出現在成堆的土中、溪流的微波中，或是即將熄滅的通紅煤炭中，讓意識心靈放鬆控制，放棄全權掌控，讓潛意識心靈得以在你的耳邊低語，指出你可以用哪些符碼來解開問題的答案，或是一窺未來。

多加練習後，這會是很有效的方法。

✦ 專注 ✦

專注是極為強而有力的魔法形式。專注（心中持續想著一種想法、影像或圖像，而不被其他的資訊或概念打斷）是許多咒術和儀式的核心。

邏輯清晰、心中持續專注的想法會被賦予力量。例如，你將樹葉綁在樹上並專注在自己的需求上，你就會為咒術增添力量（藉由心靈而提升）。

正面思考就是心靈之力量可以影響世界的例子之一。我們知道電話、飛機、電燈，以及人類創造的一切事物，都是從思維開始。維持一種想法（專注）直到顯化（創造）為止。

同樣地，維持一種想法（需求），同時運用情感和知識來讓我們的需求顯化（創造）。

如果我們無法專注在我們的需求上，情感也會隨之動搖，知識便變得無用且無力，那還不如一開始就不要施咒。

專注是任何咒術至關重要的部分。儘管有些人因現今節奏快速的世界而難以專注，但如果能堅持下去，即使只是簡單的練習也能創造奇蹟。

夜晚，與其他人、光線和噪音隔絕，點燃一根純白的蠟燭，然後舒服地躺著或坐在蠟燭前。

放鬆身體，凝視蠟燭的火焰，排除任何其他的想法。

如果你可以成功做到不想任何事，只看著在黑暗中發光的蠟燭，並持續幾分鐘，那就是好的開始。

✦ 感受力量 ✦

什麼樣的力量？不是你家中用管線輸送的能源，而是魔法的力量，即元素和風的力量，這樣的能量讓我們的星球可以在旋轉的宇宙中的旋轉銀河內持續轉動，這就是魔法真正的能量。

熟悉這種力量的最好方式之一是透過記憶。我們一直都具有這樣的力量；正是這樣的力量讓我們的身體能夠持續運轉且適當地運作。我們從食物中取得這樣的力量，並透過身體的活動、心智的運作，以及如呼吸和眨眼等簡單的生理功能加以釋放。既然我們一直都具備這樣的力量，我們有時也會感受到這樣的力量顯現。

大多數人都經歷過雷雨。鋸齒狀的閃電在空中閃現，風雨猛烈來襲，天空隨著巨大的雷而顫動著，像這樣的暴風雨經常造成出乎意料的反應。

你可能會打冷顫，一方面出於焦慮，另一方面也因為這個壯觀的景色帶你領略大自然的無限力量，而感到激動不已。

如果你可以想起讓你背脊發涼、強而有力的暴風雨，可試著重拾那樣的感受。回想起當時的狀況，憶起自己對暴風雨的反應。

你可能會開始感到充滿能量，你的脈搏和呼吸可能會加快，身體的肌肉可能會緊繃，而且你可能會開始冒汗。

這些身體的變化正是湧入身體能量增加的展現。

而魔法運用的也是同樣的能量。如前所述，許多能量是由情感所產生。對各種情況產生的情緒反應可能會帶來似乎違反通則的驚人結果（例如虛弱的女性將車子抬離她孩子的腳）。

但實情並非如此，這些力量的湧現是目前科學尚未發現的其他自然法則的展現。

既然情感是感受這種力量的絕佳方式，那麼強烈的情緒反應（例如對暴風雨的情緒反應）經常有益於讓這樣的力量開始流動。

但如果要在每次施咒之前都要先進入和重新體驗雷雨顯然很荒謬。只要運用雷雨練習來感受這樣的能量（以緊繃肌肉、呼吸和心率加快，或許還有出汗等方式展現的能量）即可。

一旦你感受到這樣的能量，而且可以操控自如，你就能在施咒時產生力量，並將這樣的力量傳送出去。

任何在如此狀態施展的咒術都會比草率帶過的咒術要有效得多。

再說一次，你可運用需要特定咒術的情感來達到這樣的狀態。如果你極需一萬五千塊來繳交一張沒有預料到、被忽略或被遺忘的帳單，請將你所有的關注都傾注在這個咒術上，但也要使用你不可動搖的魔法知識來支持你，將這筆資金吸引到你身邊。

好吧，一開始並不容易，但就像我的鋼琴老師經常告訴我的：「熟能生巧！」

魔法元素

The Elements Of Magic

4

✦

魔法符碼內含的元素是所有存在符碼的基本要素。這四大元素：地、風、火和水同時是有形和無形的，物質和靈性的。

以魔法思維來看，萬物都是從這些元素開始形塑的。我們目前的科學知識陳述還有許多像這樣的「建構組塊」，這些科學知識和這樣的陳述並不衝突，只不過是這四元素概念的更精緻版本。

將這四種元素視為純粹的物質事項是不明智的。例如地可以是我們存在的星球，也是指土壤、基礎和穩定。同樣地，火也不只是火焰而已。

儘管這些元素有很多屬性無法在本章節中詳述，但還是有必要概略說明為何這每一種元素在魔法的施展中如此重要。

既然這是要運用自然力量、工具和象徵的大自然魔法，了解這些力量是很重要的。其中一種了解的方式就是透過對元素的研究。

元素系統是在文藝復興時期發明和趨於完善，但它的根源可以再延伸至更久遠的歷史。這可單純視為組織各種魔法的便利系統。再次強調，這也能被視為非常真實的力量系統，可召喚來協助咒術和儀式。你要如何看待這些元素都取決於你。

以下的討論涉及與元素相關的符碼和魔法種類。本書中包含的所有魔法都屬於其中一種（或多種）元素所管轄，也有可能四種元素都同時存在。

了解這些元素對你的魔法施展將大有助益。

儘管這些元素被形容為「陽性」或「陰性」，但不應對這些元素帶有性別上的偏見。就如同所有的魔法系統，這只是象徵性的意義，用來形容元素的基本屬性，讓人可以輕易理解。這並不表示執行火系魔法就比較陽剛，或是女性較適合使用水系魔法，這只是一種象徵系統。

✦ 地 ✦

這是我們最接近家的元素，因為這就是我們的家。地未必要代表實質的土地，也可以指穩定、堅固和可靠。

地是元素的基礎、基底。我們多數人就是在這樣的範圍內度過我們的大半人生。當我們走路、站立、爬行、飲食、睡覺、工作、照料植物、平衡收入與支出，或是品嚐鹽巴時，我們都是在地元素的範疇內活動。

地是豐盛、繁榮和財富的領域。儘管這是最原始的元素，但並非出於負面的意涵，因為地正是其他三項元素的基礎。沒有了地，我們所知的生活便無法存在。

在魔法施展中，地「主宰」所有跟商業、金錢、職業、各種形式的繁榮、穩定及生育力等等的咒術和儀式。

這種元素的儀式可以很簡單，例如將代表你需求的物品埋在一小塊未開發的土地中、在鄉村裡走幾公里路的同時觀想你的需求，或是在土裡畫圖案。

土是陰性元素。它是滋養的、濕潤的且肥沃的，就是這些特質讓它屬於陰性。

這樣的屬性促使無數文明將地想像成偉大的地母神，即極其富饒的大自然造物之母。

地元素主宰指南針上的北點，因為這是最陰暗和代表冬天的位置，其代表色是原野和植物的綠色。

管轄的是石頭、影像、樹和結魔法。

✦風✦

風是代表智力的元素，是想法的領域，也是邁向創造的第一步。

就魔法而言，風是明確、簡潔又單純的想像，而這是改變的有力工具。風也代表移動，是將想像送出並帶來顯化的動力。

風主宰的是關於旅行、教學、自由、取得知識、發現失物與揭露謊言等等的咒術和儀式。

風系魔法也能用來發展靈力。

與風有關的咒術通常包含讓物品隨風飄去，或是將其從山腰或高處放下，讓物品實際上與這種元素有實質的連結。

風是陽性元素，乾燥、膨脹而且主動的。風是擅長學習領域的元素，而且會在我們建立理論、思考和沉思時運作。

風主宰東方，因為這是最明亮的方位，也是智慧和意識的啟發。代表色是黃色，即太陽和黎明時的天空黃，季節是春季。

風管轄的是廣泛傳播、大多數占卜、專注和觀想魔法。

✦ 火 ✦

火是代表改變、意志力和熱情的元素。在某種意義上，它包含了所有形式的魔法，因為魔法就是改變的過程。

火系魔法可能令人生畏，結果會以快速且驚人的方式顯現，這不是適合膽小鬼的元素。

然而，這也是最原始的元素，也因此最常使用。

這是性慾和熱情的領域。不只是性愛的「聖火」，也是我們和所有生物體內閃耀的神性火花，它同時是最物質也最靈性的元素。

火系魔法儀式通常涉及能量、權威、性愛、療癒、破壞（壞習慣或疾病等）、淨化及進化等等。

火儀式通常涉及煙燻、燃燒或悶燒草、某個影像、其他可燃物品，或是使用蠟燭或小火焰。

火系魔法通常會在壁爐邊施展、野外空地點燃的火堆旁邊，或是在一根蠟燭的火焰旁邊。

火是陽性的，主宰南方，即極熱的地方，代表紅色和夏季。

所有的蠟燭魔法都歸入火的力量。

✦水✦

水是淨化、潛意識心靈、愛和情感的元素。

就如同水是液體，會不斷變化，從一個層次流動到另一個層次，而我們的情感也是像這樣處於不斷變動的狀態。

水是吸收和萌芽的元素。潛意識由這種元素所代表，因為潛意識是起伏且不斷變動的，就像日夜都永不止息的海洋。

水系魔法涉及歡愉、友誼、婚姻、生育力、幸福、療癒、睡眠、做夢、靈性行為、淨化等等。

水系儀式在結束時通常會將某物扔進或放入水中。

這是陰性元素，代表色是深水的藍色。主宰西方和一年中的秋季月份，即在雨水洗滌大地的時節。

水系魔法可搭配鏡子、海水、霧和雨施展。

以上就是四種元素。要精研這些元素可能會用去一生的時間，但這些元素就是基礎。儘管未必需要召喚這些元素或直接與它們合作，但在施展魔法時對這些元素有所了解和記憶是會帶來幫助的。

實際的元素運作請參考接下來的四個章節。

Elemental Magic

Part 2

元素魔法

第二部分

地系魔法

Earth Magic

5

✦

大地是我們唯一的家。

神話中，人類是從大地裡蹦出來的，而且我們會將逝者埋葬在它濕潤的土壤中。我們從大地的表面拔出翠綠的蔬菜和藥用植物。動物們在大地上吃草，大地內則蘊藏豐富的金、銀、寶石和石油等礦產。直到現在都還沒有生物能離開大地表面太久（鳥兒除外）。

古代的大地女神們以大自然之母的形象存續至今，而後者是二十一世紀初具自然意識的人們試圖為祂正名的神祇。大地曾一度因自身而受到崇敬，今日則是重新以我們的家園和食物來源的身分受到尊敬；沒有大地，我們就會死去。

為了保護我們星球，生態運動如雨後春筍般大量湧現。我們曾稱它為「地球號」太空船，並成功地離開大氣層，從太空中凝視它淡藍色的球體，它就是蓋亞：我們的母親、我們的家、我們的一切，它總是支持著我們。

因此，它進入宗教和魔法的思維，而且已被人們實行數千年之久。本章中介紹的部分咒術和技術就像山脈的綿延一樣無窮無盡。所有魔法的根源就在這些地系咒術中，各種形式的魔法無不來自這項元素，因為所有的魔法都要在地上執行。

想像剛挖出來的一把土，聞聞肥沃土壤豐富的味道，看看這驚人的色彩，從最白的黏土、火山紅，到最黑的黑色都有。這就是大地的肥沃本質，是生命必需的維生素和礦物質的寶庫，這也是實行魔法的出色場地（也是可以搭配使用的元素）。

以上就是地系魔法的概略介紹。

療癒

地系魔法使用轉移法來進行療癒，可透過魔法將創傷或疾病轉移至另一項物質上，通常是有機物質，然後再埋起來。隨著這有機物質的腐爛，創傷或疾病也跟著釋放。

若要移除一種疾病或治療一種創傷，可用蘋果或馬鈴薯摩擦患處，接著儘快在地上挖一個洞，將摩擦過患處的蘋果或馬鈴薯放進洞裡，用土蓋過並埋起，魔法便完成了。

在此提供一個可能較為明智的小提醒：療癒魔法永遠都應作為輔助療法使用，絕不能用來取代傳統醫學，醫生才是唯一有資格協助你身體自癒的人。

你當然可以為自己或朋友施行療癒魔法，但不能用來代替合格的醫療照護。現代醫學就是昔日的魔法。

以大地為床

如果你生病了，可以找個土壤沒有被混凝土、植物和樹葉遮蔽、覆蓋，即有單純新鮮土壤的地點。

坐或躺在地上，在心中觀想你的創傷或疾病沉入大地中，感受疼痛和痛苦、病症帶來的身心影響等流進你身體下方的地下。

感受大地的節奏，感受大自然以穩定的節拍持續脈動著。大自然的脈動應和你的心跳，跳動至你感覺到全身隨著能量而起伏。

接著感覺能量湧入，即涼爽、深沉且柔軟的能量從地下升起，湧進你的身體裡。

起身，將身上的塵土拍掉，看看自己是否感覺不同。

如果你臥病在床，或是出於其他原因而無法這麼做，可以在病房裡放一盤或一罐新鮮土壤。大地會發出具療癒力的振動，它的存在將有助於康復。

還有一種簡單的方法是在病房裡放一盆盆栽。植物不只能提供自身的療癒能量(常春藤是很棒的選擇，而且也是合理的擺設)，盆栽中的土壤同樣也能為你帶來協助。

擺脫煩惱

取一把土，凝視著它，將你所有的煩惱都傾注在這把土上，詳述所有困擾你的煩惱。

完成後，將這把土扔到背後，頭也不回地離開。

大地護身符

用一小塊正方形的綠色布料將一些新鮮、肥沃的土壤包起。

緊緊地包起、綁好，讓土壤不會漏出。

如果你有穩定、安全和自制力方面的困擾，可將這隨身攜帶。如果你有讓情緒掌控生活的傾向，或是你總是在生氣或緊張兮兮，這大地護身符會帶來幫助。

地系窺視預測法

在直徑至少18公分的平底小容器中填入土壤，放鬆地坐著，不只是凝視著土壤表面，也要凝視著土壤的深處，最終你會開始注意到有符碼從土中浮現。

大地保護瓶

在一個長形的小瓶子中倒入新鮮潔淨的土壤，填滿後加蓋，將這瓶子擺在入口附近，最好是窗戶旁，可防止邪惡進入你的家中。

過去人們認為土壤可擾亂邪靈和惡魔，因為他們必須數盡瓶中的每一粒土後才能進入人們的居所。

現在，邪靈被視為是大量且廣泛存在於地球周遭的負面能量，它們有可能會進入你的家中，因此，大地保護瓶可有效阻擋負面能量進入你的房子裡。

保護孩童

若要保護你無法陪伴在他們身邊的孩子，可在孩子離開時，趁他們不注意時將一把泥土或沙子撒在他們身後，可確保安全。

長期大地咒術

這種咒術適合施展的條件是你很擅長園藝，而且你不介意要等待數個月才能顯化需求。

挑選一種象徵意義符合你需求的植物種子（見附錄三），在一盆土或特定區塊的土地上，用你的力量手握著種子，堅定地觀想你的需求。

對著種子訴說，為何你需要它的幫助來讓你的需求開花結果。

接著種下種子，給它充滿愛意的鼓勵和水分。

在萌芽時細心照料幼苗，確保植物不會因為你自身的疏忽或粗心而死去。如果發生這樣的事，你的需求就不會顯化，至少讓植物不要在施行下次咒術之前死去。

如果植物可以健康快樂地成長，預計你的需求很可能會實現。你的需求一旦實現，請好好照料你的魔法植物，因為它不只代表你的需求，如今也是成長中的生物，你為它帶來生命也是為了滿足你的需求。

你對這株植物負有責任，好好照顧它，它就會將所有大地魔法的祕密都只唱給你一人聽。

變化版

在一小塊準備好的土地上，將適當的植物種子以代表你需求的符號或盧恩符文（見附錄二）形式種下。

好好照料你的花園。在植物剛開始萌芽時，用力量手的食指在地上的符號周圍畫一個圓圈。站立安靜地凝視著象徵你需求的植物。隨著它的蓬勃發展，你的需求也隨之生意盎然。

風系魔法

Air Magic

6

✦

沒有空氣，我們的行星就會是無生命的星球。若沒有這些幸運地供應我們星球的氣體組合，我們所知的生命無一能生存。

儘管空氣是看不見的，但卻是生命中不可或缺的部分。它不只是延續生命所必需，同時也經常以戲劇性的方式影響著我們的生活。由於空氣看不見但又如此充滿力量，自古便用於咒術和魔法中，也不知不覺地隨風吹入了全世界人們的民間傳說和神話中。

在此提供的咒語和技術運用的是風元素的力量，最好觀想成噴射而出的氣流。許多咒術本身需要微風以上的風力，也包含控制風的咒術。

小提醒：風系魔法就像風本身一樣難以預料。

✦ 風 ✦

幾世紀以來，人們將風想像成四個基本類型的存在，對應到地球的四個方向或方位，即北、東、南和西風。每種風都有自己的魔法優勢，而且某些咒術最好在颳起某種風時施展。

這或許聽起來有點複雜，但不需要擔心。指望風來施展魔法並沒有比確認月相更難，雖然「風」持續的時間並不長。

在最好的情況下，如果你可以拼湊出一個風向標或布製風標來測風向，就可以等待適當的風來微調你的魔法施展。

當然，如果整個早上都穩定地吹著北風，那就不必等待西風。這裡提供的系統是用來作為指引和協助的，並不是用來控制我們的行動，要不要確認風向都由你自己決定。

在翻閱以下關於各種風的討論時，請記住這並非絕對的系統，世上的不同地區可能會有不同的風屬性。下述的屬性是北美和歐洲偏好使用的屬性。由於氣候、位置和天氣模式等緣故，你可能必須根據自身的地區加以變化。

這四種風至少表面上都與風元素相關，可以記住這點，但每種風都有自己特有的力量。

重點提醒：比方說講到北風，就是指從這個方向吹來的風，而非指吹往的方向。

北風

北風為死亡之風，但未必是指肉體上的死亡。這是永恆的宇宙法則領域：改變。在此的「死亡」指的是排除負面能量。

北風是冷的（就魔法而言），因為它從冬天的方向吹來，即陸地被深雪覆蓋的時節。它是「乾燥」、或者說貧瘠的，因此提供了施展破壞咒術的條件。

要如何使用？

如果你感到沮喪、焦慮、羨慕或嫉妒，剛好風從北方吹來，你可以正面迎向它，風將會讓你從這些情緒中釋放。

如果你想戒掉壞習慣，可執行任何相關的咒術，若正在吹北風便可增強力量。

夜裡嚴寒，代表死亡和深雪的北風，也是地元素之風，因此與地元素也有部分共同的特性。但這乾燥的風並不利於生育和繁榮魔法，儘管北風對療癒相關魔法大有助益。北風的代表色是如深夜般的漆黑。

東風

從東方吹來的風象徵著清新、更新的生命、精力、力量和智力。東風是溫暖、令人振奮的風，從太陽、月亮和星星閃耀登場的方向吹來。

因此東風也是和開始有關的風，是源自北風運作的新現象。東風的熱度來自太陽，以及創造的火花。

最適合在吹拂東風時使用的咒術是和大幅改善和正向改變相關的咒術，尤其是行為方面。此外，東風咒術涉及心智，在魔法上與所有涉及風元素的咒術相關。

所以愛情咒術最好不要用東風施展，除非你想要非常理智的戀情。但或許戀情中帶有理性也沒什麼不對！

既然東方是日出和光照的方向，它的代表色就是白色。

南風

越往南行，就會越來越熱，至少在赤道這邊是如此。因此，南風是火熱的風。

在象徵上，南風主宰的是中午，因為這是太陽（或月亮）在天頂的時刻，即最明亮熾熱的時候。因為南風與火元素相關，它的魔法也涵蓋同樣的領域。然而，在吹南風時，南風可用於任何種類的魔法，這是很適合施展咒術的時刻。

既然這種風強大又火熱，用來施展咒術保證可帶來令人震驚的力量，與南風合作總是刺激而有趣！

但要留意的是，這樣的火，即使是南風吹拂的小火，也可以很危險，因為我們都知道，火是會燒傷人的。

那南風的顏色是？黃色，正午的陽光黃色。

西風

西風的吹拂涼爽濕潤，可能會帶來少許的雨或水氣洗刷大地。西風是肥沃、充滿愛意的力量，既溫和又具有說服力。

象徵上它主宰黃昏時分，即萬物休止的時刻；日夜融合成的柔和色彩與微風組成的奇幻景色。日落就像日出一樣，是施展魔法的絕佳時刻，如果正好吹拂著合適的風更是如虎添翼。

水系魔法（愛情、療癒、生育等等）非常適合搭配西風，可增加自身的力量和來自這個方位的能量，尤其適合用於淨化相關的咒術或單純的宗教儀式。在來自南方乾熱的微風後，西風就像是及時雨般帶來慰藉。

西風的代表色是天色將暗之前的天空藍。

記錄風向

如前所述，判斷風向的最佳方式就是風向標或布製風標，後者可以在短時間內實惠製作，而且準確度不輸其他物品。

取一條至少長46公分，厚實但有彈性的布料（如果你偏好的話，也可以選擇長而潔淨的襪子），在你所有的地產中找個適當的地方掛起，應遠離附近的建築或樹，以免阻擋氣流。最好是掛在屬於自己的地產中，而且是從房子裡就可以看見的地方。

如果你沒有這樣的地點，掛在屋頂的天線上也可以。將布料牢牢綁在天線上（或是夠高、可以迎風的竿子上），確保布料不會被風吹走，或是從竿子上滑落。

現在來判定風向並等待風起。颳風時，布料會朝反方向飄動。因此，在布料向南飄時，表示吹的是北風。

如果可以從屋內看見布製風標，那就只要觀察就好，從它的狀況判斷風向，然後從這裡開始著手進行。

召喚四風

許多咒術和儀式可以先從祈請風開始，如果你經常和風合作更要這麼做。祈請或召喚風是很古老的概念，至少可追溯至古希臘甚至是更早的時期。這不只是召喚祂們的力量（請所有的四種風都來協助你的咒術），也是概略地向祂們宣告你的意圖。事實上，這是在對全世界宣告。

召喚風的力量並請求祂們的協助是展開任何咒術的絕佳方式。技巧是？

一旦你在要執行咒術的地方（最好是戶外）收集了所有需要的物品後，請轉向北方，說出類似以下的字句：

北方的風！
奔迅強大！
請助我的魔法一臂之力！
轉向東方，說：
東方的風！
耀眼明亮！
請助我的魔法一臂之力！
面向南方，說：
南方的風！
熱力四射！
請助我的魔法一臂之力！
接著移至西方，說：
西方的風！
輕柔歡快！
請助我的魔法一臂之力！

這時繼續進行咒術，確信四風的古老力量正為你的魔法帶來助力。

✦和個別的風合作✦

如果你正在執行適合某種風的咒術，那麼只要在開始前轉向適當的方位，複述以上相關的字句即可。站著一會兒。感受風（即使只是自行想像）從那個方向吹來，因你的魔法召喚而甦醒，快速地集結並帶著驚人的力量奔向你（在祈請所有的四風時也可以這麼做）。

接著執行咒術。

✦風系咒術✦

以下是一些與風元素相關的魔法。為了你們的方便起見，我列出了適合施行各種魔法的風，儘管實際上絕無必要等到吹這種風才能施展這些咒術。

打包煩惱（北風）

在一處風可暢行無阻地吹拂的地方，在一棵仍種在地上的結實（最好已枯死的）灌木上，在樹枝或枝條末端綁上或推上一片代表困擾你的問題的葉子。如果你是綁上葉子，請使用天然纖維繩鬆鬆地綁著。

你要做的就只有這件事，剩下的就是等待北風吹起，或許會緩慢地將葉子鬆開，藉此釋放能量，開始發揮作用去減輕侵擾你的煩惱。

這種咒術需要一段時間才能生效，可能是幾天，甚至是幾個禮拜，不會在短時間內見效，因此在施展咒術後就請離開灌木。如果你在一旁等候觀察，風可能永遠都不會吹起（當然，這讓你有優勢可以在颳起強烈北風時及早施展這樣的咒術）。

愛情鈴（西風）

將一個具有悅耳鈴聲的鈴掛在大多時候都會持續開啟的窗戶上，讓風吹拂（最好是西風）。

在你這麼做時，請複誦以下字句：

小小的愛情鈴，我將你掛起，請將我對愛情的需求輕聲訴說給風兒們聽。

小小的愛情鈴，請將我對愛情的需求訴說給你的兄弟姊妹們聽。

小小的愛情鈴，我請你輕柔地訴說，並將傾聽的人吸引到我身邊。

每次鈴響，就是在「輕聲訴說」你的愛情需求（「兄弟姊妹們」指的是其他的鈴，可為這個鈴增添他們自身的力量）。

擊敗恐懼（南風）

在室內點燃一根黃蠟燭，安靜地坐著，凝視著蠟燭一會兒。看著燭火將你的恐懼和焦慮吸引過去；將你的恐懼和焦慮注入蠟燭中。

將蠟燭拿到戶外，讓風將火焰吹熄，這樣就完成了。

（在嘗試這項咒術之前請先確認戶外有風。）

與不在場的朋友溝通（東風）

在戶外，朝向這個人所在的方向。如果不知道他所在的位置，請朝各個方向重複以下步驟，先從北方開始。

張開你的手臂和手掌，以清楚但柔和的聲音呼喚這個人的名字。

觀想他或她的樣貌，更用力地再度呼喚對方的名字，然後第三次很大聲地呼喚。

接下來，就像和他們本人說話一樣敘述你的訊息，訊息請保持簡潔明確。結束時，聆聽對方的回應。

不要用想像的，而是要聆聽。

這經過練習便能發揮最佳效果，或是和你很親密的友人一起練習。

做決定（東風）

如果你正面臨多項選擇，請將它們各別寫在小紙條裡。每張紙條折兩折，擺在獨自擺放（即沒有靠著牆）的桌上，而且是在有微風吹拂的地方。

風應該讓紙條在桌面移動，然後掉落地面。最後留在桌上（或是最後一個掉落的，如果你來不及抓住它的話）的就是你的選擇，你應該決定遵從這個選擇。

✦ 判定風向 ✦

如你所見，可用兩種方式來完成風系魔法：一種是透過以上其中一種咒術確實運用風元素，不論是否祈請正確的風；或是單純祈請所有風或特定風的力量，然後執行另一種咒術。

如果你希望在咒術中祈請某種風，但又不確定哪一種比較適合，可使用以下的咒術。

在耐火的物品或防火的區域內，用任何木材生個小火，或是用一點炭來點火。

接下來，在火燒得明亮熾熱，或是炭燒得灼熱時，將綠樹枝或灌木投入火或炭中來製造煙霧。煙應穩定地從火中升起，這時火已不重要，煙才是唯一重要的。觀察煙行進的方向。

煙可能會立即朝某個方向移動，或是直線上升。如果發生後者的情況，請持續觀察，煙應該會轉向。煙行進的方向就是適合你想施展咒術的風。

這確實有點麻煩，但是有效。

在離開這個區域之前，請用沙子或水確保已將火安全地熄滅。

✦起風✦

祈風條

用來在海上或陸地上起風（在海上是為了滿帆）。在約一隻手臂長的舊生皮條上，在距離末端8公分處打上一個結，在距離第一個結15公分處打上第二個結，並在距離第二個結23公分處打上第三個結。

為了啟動咒術，請將結鬆開：

若要祈求的是微風，請鬆開第一個結，專注地觀想海浪、樹葉或草被風吹動。

若要祈求稍微強一點的風，請鬆開第二個結，專注地觀想穩定的風注滿船帆。

若要祈求強風（請小心！），請鬆開最後一個結，想著強大的風和大量的風力作用。

這樣就完成了。

起風

首先留意適合該時節的風向：
冬季，可試試北風。
春季，可試試東風。
夏季，可試試南風。
秋季，可試試西風。
轉向適合的方向，吹一個長而尖銳的口哨，並在最後將音高降下，這樣做三次。
召喚風的最佳時機是日出時。

起風

抓幾把沙，丟入空中。到第三到第四把時，風應該已經變大，會將沙從你手中吹走。請使用潔淨的細沙來進行這項咒術。

止風

收集四種羽毛，最好是以下顏色各一：白色、藍色、黃色和黑色，來代表四種風。拿起這四種羽毛，用一條厚繩將它們一起牢牢綁起。將羽毛擺在一個碗底，用鹽完全蓋過，直到看不見羽毛。

這將對風力形成約束，風應該很快就會減弱。

停止氣旋

跑進田裡，將一把刀固定在地上，尖刃處朝向即將來襲的風暴。這把刀據說可「將風切開」，讓你所在的區域倖免於難。

在海岸起風

取一長條的海草，在自己的頭上繞成一圈，然後吹口哨。

火系魔法

Fire Magic

7

✦

火總是能帶來宗教上的敬畏。它瞬息萬變的形態、多變的色彩、熱度和光線，再加上實際產生的物理變化，正是它製造魔法的能力。

在懂得生火之前，世界想必有一段黑暗時期。運用摩擦和打火石，人們取得這神聖的要素，而這從此改變了世界。

儘管所謂的拜火一般只是委婉的說法，用來禮貌性地形容對性愛的神祕崇敬，但有許多宗教將火作為神性象徵來崇拜。

誰沒聽說過羅馬的維斯塔貞女（Vestal Virgin）在她們的聖壇上侍奉永恆之火？即便到了今日，猶太教堂仍會持續點燃永恆之火，而有些墳墓，例如約翰·甘迺迪的墳墓也有類似的裝飾。

儘管現在的我們大多已忘了火的宗教意

義，但它仍會出現在世上多數重要宗教的聖壇上。天主教的聖壇若少了點火的蠟燭怎能稱得上完整？蠟燭閃耀的火焰，或是在孤獨山峰上熊熊燃燒的火堆，都是可用於魔法的力量之物。

事實是，火是有力的元素，讓古人對火感到崇敬。彌撒時會將點燃的蠟燭擺在聖壇上並非偶然，這些蠟燭會將自身的能量釋放到彌撒中，就如同在耀眼發光的香爐中冒煙的乳香，以及虔誠信徒的祈禱一樣。

蠟燭魔法再度變得極為盛行，或許是因為它很簡單又有效。儘管這可能是唯一容易取得的火系魔法形式，但火系魔法遠遠超出我們今日已知的這唯一方法。這裡要研究的就是其他形式的火系魔法（見第13章：蠟燭魔法）。

火系魔法可在任何能安全點火的地方執行。室內外的壁爐、烤肉架、淨空的地面區域，或是在挖好並排好磚塊或石頭的坑中，只要火能安全地在能夠隱密執行魔法的區域點燃，一切都行得通。

有些咒術你只需要一點引火物，有些則需要整個大火或一系列的火。只要潔淨、乾燥，不要太潮濕，任何種類的燃料都可以。

（如果你希望為你的火魔法增加力量，可查看第10章：樹魔法——各樹種的魔法力量。請記住，如果你親自採收任何木頭，務必要先和樹溝通，感謝它提供木材，並在地上留下供品。）

基於它激烈的性質，這種魔法最好在沙漠裡執行，但其實在任何地方都可以完成。

淨化

如果你想擺脫某個習慣、想法、概念、過去的關係、罪惡感或卡住的地方，可選擇一個代表那項問題（不論是什麼樣的問題）的象徵物，然後扔進烈火中。火將吞噬象徵物，同時也會吞噬它們對你的掌控權。

可以花點時間思考要選用哪一種象徵物。如果你有飲食過量的問題，可取一部分你最愛的食物，然後扔進火中。如果是抽菸或酗酒的問題，可採用同樣的方式。如果是無法使用具體物品的問題，可畫個象徵或圖像作為代表，然後燒掉。

火系保護咒術

在直徑至少6公尺的淨空地點，收集許多木頭、火柴和一些水。取一根木棍，粗略畫出一個直徑約3公分的圓圈。判定方向（使用指南針、太陽、月亮或星星），接著只要在圓圈內的每個點：北、東、南和西方準備生小火。

準備生火，但不要點燃。接下來在每個點放上足夠的燃料，讓火至少能燃燒半小時以上。

先走向南方，點火，同時喊出以下字句：

沒有任何來自南方的東西可以傷害我！

移向西方，點火並說：

沒有任何來自西方的東西可以傷害我！

在北方點火並說：

沒有任何來自北方的東西可以傷害我！

最後在東方點火並說：

沒有任何來自東方的東西可以傷害我！

從南方的火中抓取一根燃燒的木棍，然後伸向你上方的天空（小心燃燒的灰燼和火花）並說：

沒有任何來自上方的東西可以傷害我！

接下來將燃燒的木頭向下朝向地面說：

沒有任何來自下方的東西可以傷害我！

將木棍放回南方的火中，坐在圓圈中央，看著火燃燒。如有需要，可再增添燃料。確信這些火確實在各種層面上將所有前來傷害你的東西燃燒殆盡。

堅定地在心中深植你看到周圍的火燃燒的畫面，感受它們的熱（可能會變得強烈）、它們的光線，以及它們的保護特質。

當火開始熄滅，而且你感受到力量開始衰退時，用泥土或沙子將火埋起，用水澆熄，並將你在地上畫的圓圈抹去。

離開該區域，但仍保留火熱保護圈的記憶，在任何感覺需要保護（身體、精神或心智）的時候，都可以召喚這個保護圈。

如果你無法在戶外執行這個儀式，可點燃四根紅色的蠟燭來取代火堆，接著進行上述的咒術，點燃蠟燭而非生火，直到四根蠟燭都點燃並說出上述的字句。

接下來，不是從南方的火中取出燃燒的木棍，而是拿起那個方位的蠟燭，小心地舉至頭上。念咒語，接著將蠟燭擺至地上，同時念咒語。完成儀式時，從西方開始，將蠟燭火捏熄（千萬不能吹熄）。

火占卜

生火，觀察火多快開始燃燒。如果很快著火，這是個好的跡象，你應該繼續進行這項占卜。

如果火難以點燃，或是你需要使用幾根火柴才能勉強讓最小的樹枝點燃，那就先暫停計畫，等待下次的機會。

有人說，如果火很快點燃，這表示即將有訪客來臨。也有人說，如果火難以點燃，表示即將下雨。

火一旦熊熊燃燒，請仔細觀察火焰。

如果火在壁爐、有坑洞的區域那側燃燒，或許有愛情正在萌芽。

許多劈啪作響的聲音表示即將有厄運到來；請執行保護咒術。

火焰中央的明顯空洞預示著困擾你的問題即將結束。

如果火無明顯理由而突然竄上煙囪或空中，表示可能很快會發生爭執，說話請小心謹慎。

煙囪後面有火花，或是如果在戶外，火花猛烈地竄升至空中，這表示即將有重大的消息到來。

如果你有親人遠在他鄉，可用撥火棒或木棍撥火，如果火勢急速變旺，可確信他或她平安健康且快樂。

最後，如果有三道火焰升起並各自分開燃燒，預計在你的生活中很快會有重大的事件發生。

其他火占卜

在火熄滅成淡紅白色的發亮煤堆後，盯著煤堆的核心看。如果你想要的話，也可以將一些愛瑟瑞爾之火[3]的焚香料（即等比例的雪松、杜松和檀香）扔進煤堆中。這會讓火勢突然變旺並燃燒起來，也很快就會熄滅。

隨著有香氣的煙從占卜香料中升起，對煤堆進行窺視預測。觀察燒焦的木頭看似形成的形狀，用象徵性語言來判定意義。

樹皮占卜

取一片寬而薄的樹皮，放入明亮的火中，直到樹皮著火，接著快速將樹皮擺在和火有一小段距離的地方。

在樹皮停止燃燒時，仔細地盯著燒焦且滿是灰燼的樹皮，等著符碼浮現。

治癒

可以的話，請用橡木點火。當木材的大部分變成灼熱的木炭時，用鉗子或鏟子拾起一塊木炭，立即扔進溪流裡或一罐冷水中，木炭會發出嘶嘶聲並爆裂。隨著木炭的爆裂，觀想疾病離開患者的身體，同樣的程序重複三次。

與他人溝通

彷彿要郵寄般寫信給遠方的朋友，接著點燃極熱的火，將信扔進火中，堅定地觀想這個人的臉，你應能收到回覆。

太陽與放大鏡咒術

在一張紙上畫出你生活中的某個問題或負面影響，在某個豔陽天，將這張紙連同放大鏡帶到戶外，將紙擺在耐熱的表面，手持放大鏡，讓放大鏡的力量聚焦於紙的中央。

---

3 Fire of Azrael，愛瑟瑞爾為協助人過渡生死的死亡天使，因此祂的火是與「另一個世界」的連結，可用這個火和靈界交流。

在紙張開始燃燒時說：

透過放大鏡，太陽明亮的光線，

讓疾病與厄運逃之夭夭。

你們無法再傷害我或我身邊的人。

走開！我用這個動作驅逐你們。

問題應該會消失。

防火符咒

為了保護你的家園免受火災蹂躪，可將一些槲寄生放在藍色的束口袋中，完全浸入冷的清水中，接著立即掛在房子的「中心」，即你和家人度過大多數時間的區域。

或是點燃一塊木頭並燒成灰，將灰弄濕，晾乾，然後放入藍色束口袋中再掛起。這樣就完成了。

水系魔法

Water Magic

8

✦

幾世紀以來，水始終令我們著迷。僅次於空氣，它是生活中絕不可少的要素，因此它的神聖性有部分來自我們對它的依賴。水維持著我們的生命；因此，早期的人們認為水是神聖的。

水系魔法以各種占卜、咒術和儀式來頌揚它神祕且賦予生命的性質。以下提供部分的水系魔法。

✦ 水凝視 ✦

最令人愉快、放鬆且古老的占卜形式之一就是水凝視。儘管幾乎每個人都熟悉水晶凝視的練習，但似乎很少人了解它的原型。

以下是三種基本的形式，每一種都使用同樣的技巧，只是焦點不同，包括：

1. 凝視流水，例如河川或溪流。
2. 凝視在湖面或海面上閃動的陽光。
3. 凝視太陽映照在水面上的倒影，可從船上、附近的建築物，或是任何鄰近的物體上觀察。

可能需要花點時間搜尋才能找到理想的場地，必要時也可以在最後一種形式中選擇游泳池，一旦找到適合的場所，最艱難的部分就已經過去了。

找個舒適的地點坐下，放鬆，讓自己的腦袋從清醒時便無時無刻大量奔騰的千頭萬緒中平靜下來。放鬆眼皮，但不要閉上，輕輕地凝視著水面，或是如鑽石般舞動的閃爍陽光，或是看著有陽光投射的水面倒影。

讓自己心無旁騖。如果你需要某個特定問題的答案，可在進入這半清醒狀態時想著你的問題，同時保持凝視。如果心中沒有立即浮現答案（同時留意意識心靈可能會耍花招，傳送讓你美夢成真的答案），請停下來，幾分鐘後再嘗試一次。

如果你詢問的是不在場的友人或失物，可在心中觀想這個人或這個物品，然後讓影像消失，接著看看你的腦海中會出現什麼。

然而，如果你在進行水凝視時沒有特定的目的，可安靜地坐著，在不斷流動且神祕的水流輔助下，等待有感覺、情緒、象徵或畫面自行在你眼前浮現。

儘管在接收靈性訊息或影像之前通常需要一點練習，但一旦學成後，這就會成為你永遠的技能。

我曾花數小時的時間坐在面向太平洋的地點，凝視著投射在那深藍色廣闊區域上的閃耀陽光。

我也曾經從碼頭上、靠近戶外泳池的牆上、公園的噴水池中、人行道中央的水坑進行水凝視，甚至是在浴缸裡看著太陽透過窗戶閃耀，並將光線瘋狂地灑在磚牆上。

小提醒：極為明亮的光線也可能會傷害你的眼睛。如果你只能不眨眼地凝視太陽閃光幾秒鐘的時間，請勿嘗試水凝視，請等到太陽光線較柔和時再進行。

✦ 泉水與水井魔法 ✦

你是否曾將硬幣投入井中許願？這是延續至這個世紀的一種水系魔法，或許因為甚至在現今「啟蒙」的時期裡，我們仍不知不覺地受到這些古老的魔法形式所吸引。

水井長久以來都與女性特質相關，而且象徵著大自然本身的偉大女神，即滋養者。

由於新近形成的概念認為人造場地在魔法上優於早年「異教徒」時期的場所，因此水井在這些年來比泉水更受到歡迎，這是基督教自十世紀至今在歐洲的政治力量和社會影響力成長所直接帶來的結果。

許多水井開始和聖人產生連結，並因在此發生的療癒和其他的奇蹟事件著稱。英格蘭格拉斯頓伯里修道院（Glastonbury Abbey）的聖杯井（Chalice Well）便是古老魔法泉透過早期基督教神祕主義加工轉變為「水井」的絕佳例子。

但泉水在魔法上的應用遠比水井更久遠。神祕地從大地中冒出的泉水一直以來都是令人敬畏的來源，不只是寶貴的生命物質來源，也是可執行各種類型魔法的天然場所，例如以下的咒術：

泉水咒術

從鄰近的泉水取一小塊石頭。用當地植物的汁液或粉筆在石頭上以圖畫、象徵或盧恩符文（後者可參考附錄二）的方式記下你的需求。

用力量手握著石頭，以順時針方向繞著泉水走三圈。如果因為泉水的位置而無法這麼做，那就在泉水前以順時針方向走三圈。

用力量手將石頭舉起，直接盯著泉水的中央看，說出以下字句：

不止息且真實不虛的清澈泉水，

請將我現在向你請求的願望傳送給我。

閉上眼睛，讓石頭落入泉水中。喝一小口水，這表示對咒術蓋章批准，留下紀念物感謝泉水提供的靈力。

如果在三個滿月後什麼事也沒發生，請再重複一次咒術。

✦池塘魔法——漣漪法✦

輕柔且緩慢流動的池塘或湖水是執行魔法占卜的理想場所：

找一塊光滑的圓形鵝卵石或一般石頭，詢問一個是非題後，將鵝卵石扔進池塘裡，算一下形成的漣漪數量。如果漣漪數是奇數，答案是肯定的；如果是偶數，答案是否定的。

✦ 溪流魔法 ✦

溪流就像大地的靜脈和動脈，已用於咒術很長一段時間，通常是用來移除對魔法實踐者帶來負面影響的事物、淨化或療癒上，尤其常見於以下的咒術：

療癒

在你生病時，可找個清澈、潔淨的流動淺溪流。脫下你的衣物（如果需要，可穿著泳衣），走入溪流中。趴低，直到水蓋過全身。如果你的問題在頭部，將頭向下浸入水中幾秒鐘，之後再開始進行下一部分的咒術。

用肌膚感受水的清涼，感覺水正在淨化你，洗去髒汙、沙粒和疾病。開始以輕柔的聲音唱誦以下字句，同時將疾病觀想成「黑色的蟲」，從你的身體爬出，再爬進河水中，從你的身體流向原始的海洋進行淨化。

疾病已從我的身體流出，
流入河中，流至大海。

反覆唱誦幾分鐘，直到你想要停下來為止。

離開水流，將身體弄乾，魔法已經完成。

當然，如果你病重到難以移動，請勿在水流湍急的危險河流中嘗試，也不能用來取代合格的醫療照護，但這可以是身體療癒過程的輔助。

✦ 惡之船 ✦

找一小根木棍（可以漂浮起來的木頭），帶到河邊。用刀將你所有的問題刻在木棍上；可使用文字、圖畫或符碼，務必將你可以想到的每一個問題都寫或畫在木棍上。如果你想要的話，也可以用筆寫上文字，但無法得到同樣的效果。在進行這項咒術時，請將你的麻煩、問題、悲傷等都注入木頭中。完成後，讓木頭漂浮在水中，然後掉頭就走。離開時請不要回頭看惡之船。

回家，深信船會駛入河中，並踏上釋放問題之旅，將你的問題一一釋放至水流（絕佳的淨化者）中。

如果你想要的話，可加上小船桅和風帆，幫助小船一路順風。

✦ 其他水系魔法 ✦

以下的許多咒術可在家中執行，並以各種傳統的方式運用水系魔法。

花與水占卜

這項衍生自古希臘習俗的咒術需要一個大碗或水盆，最好是圓的，寬約三十公分，深約八至十公分。也需要準備淡水和幾朵新鮮的小花，每朵的色彩、外觀等都不同，以利辨識。

當你面前有好幾種方案可供選擇時，可用這咒術來決定要採取哪一項行動步驟。在碗中裝水，花放在碗外，可擺在桌上或地上。坐在碗前，取一朵花，用其中一種選擇為花命名（例如「賣」或「買」或「等」），然後放入水中，靠著較遠的碗邊。重複這同樣的步驟，用你面臨的每種選擇為花命名。在命名完所有的花朵後（記得要記住哪朵花代表什麼），靜靜地坐在碗前，漫無目的地吹口哨，沒有旋律，同時想著自己為難的處境。

風應該會將其中一朵花吹向（或似乎在沒有外力協助下移向）你的方向，這代表你該採取的行動步驟。

如果沒有一朵花立即移動，可能表示你的問題無解。別煩惱。如果你願意的話，可將碗和花留著幾小時或是放一個晚上，之後再回來觀察，到時肯定會有一朵花移動，可依你坐的地方來判斷它的位置，你應該會得到答案。

如果有兩、三朵花移動，請使用最靠近你原本坐在碗前位置的那朵來判定答案。如果有一朵以上的花消失，顯然它們不是正確選擇。

釜與刀

在即將就寢之前，在釜（或是舊鐵桶、碗或罐子）中裝水，擺在屋內靠近前門處。將一把鋒利的刀尖端朝下地放入水中，動作的同時一邊說出：

我將此刀刃放入水中，
防止竊賊與幽靈入侵。

肉體或靈體都無法
進入這我居住的處所。

這是極佳的保護咒，應在每晚上床睡覺之前執行。早上時將刀子移開，將刀刃擦乾，存放在安全的地方。

不要碰到水，將水倒在外面（或是有需要的話可以把水用掉），並將釜或桶子收起來。不用說，如果你期待某人在夜間到來，就不要執行這項咒術，否則在他們進入你家時可能會很危險，而且會濕透。

這可在每道門前進行，可防止人和其他的東西進入。

✦ 聖湖 ✦

湖有時被稱為「黛安娜之鏡」。在滿月的夜晚，在仍漆黑的湖水中找到月亮的倒影。躺下，使用和水凝視相同的技巧凝視著倒影。你應該會開始看到象徵，甚至是接收到通靈訊息。傳統上在執行這項魔法時會召喚月神黛安娜。

✦ 渡水 ✦

如果你總是在外出走路或開車時感覺到危險或「邪惡」就在附近，可試著跨過水。這可能表示要開車過橋，或是跨越在水溝或溪流中流動的水。邪惡與危險無法渡水，因為水可以淨化和抵消負面作用，因此可讓你處於安全狀態。

這是古老的習俗，但在今日使用仍能得到不錯的效果。

✦ 金錢咒 ✦

將一盤水放在月光下，讓水映出月亮的倒影，將雙手浸入水中，讓水留在手上，直到自然風乾，而你應該會在二十八天內獲得意外之財。這道咒術應在盈月[4]期間執行。

同樣咒術的其他版本可隨時進行，甚至是在看不見月亮時。將一個容器（最好是銀製容器）帶到暗處，將一枚銀幣或一件銀飾扔進水中，用這水將雙手沾濕。

---

4 waxing moon，指從新月到滿月的月相。

水療法

取一顆有孔的石頭（見第17章：海魔法），放入裝有清水的容器中。移去石頭後，這具有療癒振動的水可用來進行療癒浴、塗抹的療癒咒術等等。

水鏡

在一碗水的表面滴上一滴黏度高的重油，凝視著這滴油，彷彿有顆水晶球般，進行窺視預測。

療癒浴

這是比先前概述的溪流魔法更便利的版本。

點燃銀色或白色的蠟燭，準備一些鹽和療癒用油（例如康乃馨、堇菜、檀香或水仙），帶進浴室裡。

藉著燭光，在浴缸裡注入非常溫熱的水，在水中撒入一些鹽，加入幾滴療癒用油，接著踏入浴缸中。

放鬆，感覺溫熱的鹽水沒入你的毛孔，深入你的肌膚，對你身體的疾病部位進行殺菌。

如果你願意的話，可觀想「黑色的蟲」離開那些部位，而且當你感受到水中擠滿了蟲時，將塞子拔掉，讓水排乾。在排水的同時，唱誦先前提及的咒語，只是在措辭上有個小改變：

疾病已從我的身體流出，
流入水中，流至大海。

在水完全排乾後再起身，這時最好立刻往身上潑上淡水（以淋浴的方式最為理想），以去除承載疾病的水所殘留的病根。

可視需求重複同樣的步驟，以加速身體的康復。

Natural Magic

Part 3

自然魔法

第三部分

石頭魔法

Stone Magic

9

✦

石頭魔法是幾乎每個人都熟悉的魔法，因為大多數人至少都知道誕生石的存在，即被稱為「屬於」你出生月份的石頭。也有大量與力量和魔法相關的傳說會使用寶石和半寶石。多年來，人們常說珍珠會帶來眼淚，有些人認為穿戴蛋白石會帶來厄運，而鑽石代表對愛忠貞不渝，這就是鑽石會用於婚戒和求婚戒指的原因。

儘管寶石和半寶石的傳說經常相互矛盾（有些權威聲稱珍珠會帶來喜悅的淚水，而蛋白石會帶來好運），但這並不重要，因為這是我們少有人能負擔得起的昂貴實踐法。

但在日常生活中常見的石頭就躺在路上，或是在你家院子裡破土而出，還有被沖刷至河岸或海灘的石頭，或是彷彿被巨大的手扔至鄉間散落的石頭，都同樣具有力量，而且就和那些具有驚人商業價值的寶石一樣也能用在魔法上。

石頭並不會只因貴重而增添任何的特殊力量。沒錯，石頭越稀少，就越籠罩著濃厚的神祕氣息，鑽石就是其中絕佳的例子。

但在魔法中這並非必要。你是否曾在度假時隨意地撿起石頭，而且沒有明顯理由就將鵝卵石裝進口袋？或是在禮品店或古董店買了一顆閃亮的瑪瑙或縞瑪瑙。你有沒有想過為什麼？

數十萬年前，石頭被作為工具使用。石頭和骨頭是當時唯一能取得的工具，早期的民族會用它們來蒐集食用植物、狩獵、縫製衣物，以及執行任何他們無法赤手完成的工作。

現在，人們不會太常想到石頭，只有園丁會在地上找到它們，並在工作中默默咒罵這些石頭對他們造成的影響。但石頭可以是寶貴的魔法工具，不但便宜，也容易取得。住在城市裡？公園或空地也一定能取得。

✦ 石頭冥想 ✦

連結石頭內在的能量，選擇吸引你的石頭。石頭應小至可以握在手中，而這就是唯一的標準。

放在你的力量手中，安靜地坐著。閉上眼睛，將意識導引至手上。感受石頭，用你的心探索它，注意質地和溫度、硬度，以及任何附著在上面的泥土。

完成這個動作後，被動地握著石頭，讓石頭對你「說話」。它會透過振動，即所有魔法的本質能量來傳達訊息。振動會來自石頭本身的內部，而你應該用手來感受，石頭不只會衝擊掌心，也會衝擊手指和拇指。

如果振動快速有力，這是顆「高振動」石頭，這表示它的振動會快速散開，而且會迅速作用在你可能使用的任何咒術中。

如果振動或脈動緩慢平穩，這是顆「低振動」石頭，使用上會有所不同。

在你打算用於魔法之前，應對每顆石頭進行這樣的動作。儘管這可能聽起來會是漫長的程序，但實際上不會花太多時間。一旦熟悉這樣的振動，幾秒便可完成。

這些石頭的用法可能有接下來介紹這幾種。

✦ 占卜石 ✦

這個簡單的用法可用來獲取相關是非題的解答。因此，這是種占卜形式。石頭已經存在了好長一段時間，而且還會持續圍繞在我們身邊更長一段時間。因此，它們是永恆的智慧象徵。人們經常會求助於石頭來尋找重要問題的答案。

取得三顆石頭。一顆應是亮色的高振動石頭，一顆應是低振動的暗色石頭，第三顆請選擇中度振動的石頭，即非高也非低振動的石頭。這顆石頭的顏色應不同，以利與其他石頭區分。事實上，這三顆石頭應各自具備不同的外觀，讓人可立即辨識。

如果你需要關於某個是非題的解答，請像骰子般在手中滾動石頭，心裡詢問你的問題，接著將石頭扔至平坦的表面上，最好是地面，桌子也可以。

在石頭停止滾動時，從位置來判斷答案。如果代表「是」的石頭較靠近指標石頭，那這就是答案，「否」的石頭同理。如果兩顆石頭和指標石頭之間的距離相當，表示沒有答案。

這個簡單的方法可以有極高的準確率，我已經使用多年，都得到了不錯的結果。

這些石頭應保存在各自的小袋中，並存放在受保護的場所，只供占卜專用。

經過練習後，便可判斷出更可靠的答案。石頭的位置是否靠近占卜者，以及詢問的問題，都是可以納入考量的因素。石頭越接近指標石頭，答案就越強而有力。

練習和經驗將讓你能更準確地運用這些占卜石。

✦ 有聲石 ✦

在本技法中，我們會用刀子敲擊石頭來產生聲音。如果適當的石頭碰上適當的刀具，聲音會很悅耳，重複敲擊還可誘導人進入出神狀態。

高振動石頭最適合用來進行這樣的操作。技巧很簡單：握著石頭，用刀身輕輕敲擊石頭。請準備各式各樣的刀具和石頭（用刀時請小心，在這項操作中應使用鈍刀）。

經過一段時間的實驗後，請挑選可產生最佳聲音的組合。在點了蠟燭的房間裡，或是在有強風侵襲的山丘上（當然任何地方都可以）請敲擊石頭，然後聆聽聲音。

可重複敲擊任何自己喜歡的節奏。就像巫醫的鼓或嘎嘎器（rattle），聲音和節奏將會使你進入放鬆、半清醒的狀態，此時你可以進行占卜、冥想，或是單純體驗當下的感受。

這應在別人看不到（也聽不到）的地方完成。在滿月的夜裡進行尤為強而有力。

同樣的技法也可採用鑼或鐘鈴來進行，但這已超出我們關注的範疇。

與遠距的他人溝通

用粉筆或炭筆在一顆高振動石頭上留下你的訊息，深深地埋在土裡，同時觀想那個人的臉，你的訊息將會傳送出去。

防護石

取一顆高振動石頭，握在力量手中。花幾分鐘的時間，最好是坐在光禿禿的地面上，低聲唱誦以下的字句，同時凝視著石頭：

石頭啊，你應將邪惡拒於門外，
將它送到地下和天上。
將它送入火焰和海洋中。

力量之石，請保護我。

現在可隨時隨身攜帶這顆石頭作為你的幸運符，它不僅會吸收你自身的振動，成為你專屬的石頭，同時也會釋放自身的能量，形成某種圍繞在你身旁的保護屏障，就像是具有防護力量的盾牌，可保你安然無恙地度過一天。

石圈

如果你想為任何物品充滿或注入能量，例如戒指、飾品等，可以取一把奇數的高振動石頭，在桌上、地板上，或是在土地上排成一個圓圈。後者也是最困難的，因為必須讓它們在同一個地方維持原狀至少一天，擺在桌上會較為容易。

石頭擺好後，將要注入能量的物品擺在圓圈的正中央。

你只需要這麼做即可，因為石頭會自行運作魔法，將強大的振動傳送至物品中。

如果你想強化咒術的力量，擺石圈之前可在每顆石頭上畫出適當的盧恩符文（見附錄二），這將使你能夠為物品注入特定的能量。

例如你即將送給愛人的戒指，可在石頭上加上「愛」和「保護」的盧恩符文，以確保接收的物品確實充滿愛和保護的力量。

石壺

在舊的壺或罐中裝入低振動石頭，將這個壺擺在家中絕不會受到打擾的隱密地點。石頭會將低振動能量散播至整個區域，同時也散播和平與寧靜。你的家庭應會幸福美滿，而且不會有重大的問題和麻煩。

七石袋

這項咒術需要用到七顆石頭，高振動或低振動都可以。應準備以下顏色的石頭各一顆：白色、綠色、紅色、橘色、黃色、棕色和黑色。

可以的話，最好由你親自找出所有的石頭，河床是尋找的絕佳場所。如果這對你來說有困難的話，也可以直接購買。

將石頭放入染成黃色的天然布袋中，棉布袋是極佳的選擇。當你想要預覽未來時，請拿著袋子，不要偷看，手伸進袋子裡，取出一顆石頭，這顆石頭可顯示現在或未來的狀況：

白色：和平、寧靜
綠色：愛、錢財
紅色：熱情、爭執
橘色：幸運
黃色：智慧、教訓
棕色：物品、所有物、禮物
黑色：負面事物

樹魔法

Tree Magic

10

✦

自古以來，樹就一直和魔法有著密不可分的關係。這植物界的堅實成員或許已矗立千年之久，而且遠比人類的頭還高出許多。因此，它們是無限力量、長壽和永恆的象徵及守護者。

充滿各種年齡、大小和種類樹木的原始森林不只是神祕的魔法場所，也是大自然的能量寶庫。森林的範圍內有古老和年輕的樹木站崗，它們是宇宙力量的守衛，並以植物形式將力量展現於大地。

因此，森林是任何魔法絕佳的施展地點，而不僅限於樹魔法。但世上任何地方的任何樹木都可以用於在此討論的咒術和技法。既然每種樹都有自身獨特的力量，可在進行實際技法後概述這些特性。

記住，樹魔法並不僅限於這些樹種，因為每棵樹都有自己固有的力量，而且會依樹的不同而有所變化。儘管去實驗吧！

除了有毒的樹（例如紫杉和鐵杉）以外，所有的樹都非常適合用於療癒魔法。任何樹都可以消除頭痛、賦予你能量，或是顯示未來，唯一會侷限我們的是自己的心靈和行為。

和任何你正用來施展魔法的樹對話很重要，確切地告訴它們你的需求是什麼，向它們解釋為何有這樣的需求及其急迫性。樹木是有意識的活體，儘管和我們不同，但仍能以較細微的意識層面進行溝通。

因此，即使古老的咒術指引你將釘子敲入樹中，也請不要這麼做，這不僅會破壞和傷害樹木，而且絕無必要，因為還有其他可用的技法。

部分咒術會要求在樹葉上畫出象徵，一端燒過的木棍是絕佳選擇，因為炭可作為鉛筆中的石墨使用。請多練習至熟練為止。

樹木咒術

當你找到要施展魔法的樹時，將一大片的樹葉、一根尖端炭化的木棍、一條具彈性的藤蔓或天然纖維繩以及一枚十分硬幣帶到樹前。

坐在樹下，用木棍寫下或畫下代表你需求的象徵。

起身，以順時針方向繞著樹走九圈，同時念出以下或類似的字句：

古老大地的古樹，
比歷史還悠久，
請賦予我你支配的力量
為我的魔法咒術充能。

視需求重複咒文，直到繞樹走完九圈。

結束時，用藤蔓將樹葉盡可能牢牢地綁在樹幹上。如果做不到，可找一根樹枝綁在上面。

在你確定樹葉已經綁緊時，拿起十元硬幣，埋在樹腳下的土裡，作為樹木協助你的報酬。現在離開這個區域，讓樹發揮作用。

當你回到樹旁，如果樹葉已經不見，不必擔心，力量已經在運作中。

✦ 樹療咒術 ✦

儘管上述咒術可用於任何種類的魔法需求，但人們長久以來都仰賴樹在療癒上的協助，因此有幾個配方可以使用。

治癒疾病

在病患夜間即將就寢之前，將一條紅繩綁在他或她的頸部。到了早上，立刻將繩子解開，重新綁在樹幹或樹枝上，藉此將疾病轉移至樹上，樹會將疾病向下傳送至大地。務必要在樹下留下感謝的供品。

療癒創傷

找一棵強壯、特別健康有活力，而且樹枝纖細有彈性的樹。生病時，可來到樹前，在其中一枝樹枝或嫩枝上輕輕綁一個結。絕不能傷到樹，因此請打鬆鬆的結，但又要緊到能維持形狀。

請求樹協助你的療癒。將疾病或創傷「倒進」結中，仔細觀想幾分鐘。

接著將結解開，同樣要小心不要傷到樹。這會釋出疾病，而疾病將會沉入地下。將一樣供品埋在樹下。

治癒背痛

以順時針方向繞樹九圈，請樹舒緩你的疼痛，同時唱誦以下字句：

噢，偉大的樹，噢，強壯的樹，

請吸收我的疼痛，讓我自由。

躺在樹結實堅硬的樹幹上，背部貼著樹皮。感覺樹正吸收疼痛，而你的背部將疼痛釋放至樹中。

幾分鐘後，起身，並將某個寶貴的東西埋在樹下以表感謝。

打破壞習慣

將你自己或壞習慣畫在一片樹葉或樹皮上，帶到適當的樹旁，埋在樹的根部。將給樹的供品放入樹葉或樹皮的洞中，蓋起。在這個地方倒一些水，魔法就完成了。

重拾失去的能量

背靠著樹幹坐下，讓樹無窮盡的能量流向你。這尤其適合長途跋涉的人。

預測未來

躺在茂盛的樹下，放鬆，注視上方持續變化的樹蔭。觀察由風輕輕將樹葉抬起和推送形成的隨機圖案，這應該會讓你進入靈性開啟的狀態，而且能夠接收與你問題相關的訊息。

在一片小樹葉上畫出自己的圖像，在另一片樹葉上畫出你想遇見對象種類的圖像。用綠色的線將兩個圖像面對面地縫在一起，並用線打上緊緊的結。

來到散發出深情振動能量的樹前，在樹上尋找天然的裂縫或洞（不要自行製造）。如果找不到這樣的樹，只要安全的話，或許也可以使用樹枝和樹幹的接合處。

將樹葉緊緊地固定在裂縫中，同時說出以下字句：

地、水、風和火之樹，

請給予我所渴求的愛。

將七枚一分硬幣埋在樹下，魔法便已完成。

和你培養起魔法關係的樹值得好好珍惜，請經常拜訪它們，即使沒有執行魔法時也是。當你能夠將樹視為朋友時，你便在自己和大地之間形成了強力的連結，甚至是凌駕於這之上的羈絆。

✦ 各樹種的魔法力量 ✦

杏樹：占卜、靈視力、金錢、借貸、商業

蘋果樹：療癒、繁榮、愛情、永保青春

梣樹：保護、海魔法（在遠離所有海洋處執行的咒術。見第17章：海魔法）

杏桃樹：愛情

白楊樹：保護

樺樹：保護、淨化、生育力、新的開始

雪松：繁榮、長壽

椰子樹：純淨、貞潔、療癒

柏樹：前世相關魔法、保護

接骨木：療癒、保護、繁榮

榆樹：保護

尤加利樹：療癒

無花果樹：生育力、力量、能量、健康

山楂樹：淨化、婚姻、愛情、保護

榛樹：占卜、婚姻、保護、調解

鐵杉：不建議使用

杜松：保護

檸檬樹：占卜、療癒、貞潔、平衡

萊姆樹：占卜、療癒、貞潔、平衡

菩提樹：保護

楓樹：占卜、愛情

桑樹：知識、占卜、智慧、意志力

橡樹：療癒、力量、金錢、長壽

橄欖樹：和平、豐收、安全、金錢、婚姻、忠誠

橙樹：愛情、婚姻

棕櫚樹：力量、智慧

桃樹：愛情、占卜

松樹：淨化、健康、好運、繁榮、生育力

花楸樹：保護、力量
核桃樹：療癒、保護
柳樹：療癒、保護、魅力、順產、許願
紫杉：不建議使用

形象魔法

Image Magic

11

✦

形象魔法通常會讓人聯想到插在黑頭大頭針上一邊冷笑的巫毒娃娃的畫面，而這都要多虧媒體，以及原教旨主義[5]者近一世紀以來的宣傳。

所謂的巫毒娃娃既不會只和這受到嚴重誤解的宗教相關，也未必是指娃娃，它的根源就是來自形象魔法這有史以來便在各大魔法系統流傳的魔法。

在各個地方，有人以不同種類的木材、黏土、鉛、黃金和銀來製作形象。形象也被畫在大片樹葉、樹皮、動物皮上，或是以檸檬、洋蔥、蘋果、蛋、蕪菁、堅果、椰子、萊姆、馬鈴薯和惡名昭彰的曼德拉草根[6]製成。

5 也稱原理主義、基本教義派，指某些宗教團體試圖回歸原初信仰的運動，或嚴格遵守基本原理的立場。猶太教、基督教、伊斯蘭教、印度教等都存在「原教旨主義」。

6 產於歐洲南部的植物，根近似人形，被認為具有魔力，實際上具有大量的致幻成分。

有時人們會將形象雕刻至極其細緻，甚至可看到髮絲。有時只是在果皮、樹皮，甚至是地上刻出，或用手指或用木棍在塵土中劃出約略的輪廓。

不論是用何種物質，何種咒術，形象是魔法史上最常使用的物品之一。

如今在近五千年的持續使用後，這項技法卻得到了毫無根據的惡名。

形象魔法確實一直用於負面的用途，但幾乎每種魔法都是如此。它對魔法技藝最有益的貢獻是讓我們能夠對自己或要施展的魔法進行規劃或形成示意圖。

形象實際上並不會變成代表的人物，也沒有形象會如同某些黑魔法的施做般受到洗禮或被賦予生命。

輪廓或形象僅是我們規劃的藍圖，代表未來的我們，而且永遠以更美好的狀況呈現。

今日在神祕學商店架上充斥的魔法書有大量的形象魔法，目的通常是帶來痛苦或死亡，而娃娃本身通常也可以郵購，也包括大頭針！

但這些都不在本書的討論範圍內。相反地，這裡要探索的是較人道的層面，所有的咒術都非常簡單，而且都與愛和療癒、保護和祝福共振。

儘管一般以為形象魔法要用娃娃、人形蠟燭或紙雕來執行，但這裡提供的前三項咒術最好用平盤進行，盤子裡裝有你剛收集來的濕土。在用土之前，請先去除任何的石子、小樹枝和其他的雜質。

將濕土或沙子散布在圓形盤或碟中達約二點五公分深。最好使用直徑至少二十五公分的盤子或碟子，才能提供充裕的空間。

這將會是你留下形象的「畫布」。

你的書寫工具將會是結實的小樹枝，或是削尖的鉛筆，如同數千年前的人們使用的尖筆和黏土。

如果泥土太乾，你或許會想加點水分。如果你無法取得潔淨的土壤，那就收集一些沙子（或是用買的），將沙土弄濕，直到「凝固」，即可以將素描的畫像留存在沙中的狀態。

每次進行形象魔法時都要重複這些準備工作。施咒後，請將用過的泥土回歸大地。

當然，如果你能真正在地面上執行這些咒術，會有更好的成果，畢竟魔法最早就是這樣進行的。咒術將必須稍做修正，但再度強調，這樣的努力非常值得。

基本的形象咒術

在容器中填入潔淨、濕潤的泥土。

用書寫工具（木棍、小樹枝或鉛筆）在泥土上畫出你自己的輪廓。面對畫像，務必讓線條盡可能貼近自己的身體線條；凸起和平坦的部位、腿至軀幹的比例，以及頭和頭髮的形狀。

為輪廓添加不明顯的特徵，但這並非必要。如果你對第一次畫出來的成果並不滿意，可用手指抹平，再重畫一次。

當你對輪廓感到滿意時就停下來，然後用書寫工具直接在形象上畫出代表你需求的象徵。

盡可能讓這象徵貼近真實完美。如果你對成果感到滿意，可將書寫工具收起，安靜地坐著，凝視著形象。象徵也涵蓋代表正在你生活中顯現的需求輪廓。

幾分鐘後，離開形象，清除腦中關於咒術的想法。

如有需要，可將裝有泥土的容器小心地移出你的視線範圍，務必不要弄亂其中的形象。一天兩次，即每天早晚凝視著形象幾分鐘。

一週後，將土壤倒回大地。讓塵歸塵，土歸土。

擺脫負面事物

在土中畫出自己的輪廓。接著在上方畫出代表你想擺脫的象徵。將此象徵畫在形象上。凝視著它，將象徵視為自己的一部分，就像現在的你。

接著小心地用手指將象徵完全擦掉，但務必不要破壞你原本的輪廓，如果真的不小心破壞了輪廓，請立刻重畫。

現在，凝視著全新的你，你已擺脫了負面的樣貌，而且準備好重新開始。每天重複，進行七天。

減肥咒術

畫出你想要的身材輪廓，盡量畫至各方面都無可挑剔（你或許會想要畫側面，以顯示適當的比例）。

接著，在完美的你周圍畫出現在的你的輪廓。存放在安全的地方，直到滿月。

在滿月這天晚上，將形象從隱密的存放處取出，用你的手指將較大的輪廓撫平一小部分。實際上你正象徵性地從你的身材上去除這部分的體重。

隨著月亮漸虧，每天重複這同樣的動作，進行十四天。在第十四天，你應該已經抹去了目前的你，只留下完美的你。

當然，在這段期間，你會適當飲食和運動，因為魔法也需要實質的支持。

如果這項咒術沒有那麼快生效（而且通常不會這麼快），可在下次滿月時再重新開始。請堅持下去，持續嘗試，終有一天會成功。

蘋果形象法

形象魔法經常會使用蘋果。用尖銳的刀子，在一顆紅蘋果的皮上刻出代表你需求的圖畫。用雕刻讓皮下的淡黃白色果肉露出，讓象徵明顯可見。這可能需要一些練習。

在凝視象徵幾分鐘後，將蘋果吃下，直到剩下果核。如果你想要的話，可保存種子並將種子種下。隨著這象徵成為你身體的一部分，它所代表的需求應該也會成為你的一部分。

這可用來為你實現任何願望。

為他人進行形象魔法

請記住：唯有在其他人提出要求或經過他們的同意時，才能為他們施展魔法。

如果朋友有非常渴望的需求，可畫出相關的形象。可使用任何材料，從銀片到筆，以及從墨水到針織和鉤針都可以。盡可能畫出完美的形象，接著將形象交給朋友，讓代表的真正實體(或品質)可以進入他們的生命。

如果你認識的人生病了，而他們請你提供魔法上的協助，可用綠色或藍色的布料來製作他們的形象。如果你並不擅長縫紉，應該還是可以剪出兩個簡單的人形，並將它們縫在一起。

就在即將完全縫合之前，在形象裡塞入如附錄三所列的療癒藥草，接著將形象縫合。

小心地將形象擺在兩根藍色蠟燭之間，點燃蠟燭，而且如果可以的話，可在形象後方擺放香爐，點上療癒香（可用肉桂、玫瑰花蕾和沒藥製作）。

在打造這形象人偶的期間，始終專注地想著這個人完全康復、充滿活力、健康，回復正常的畫面。

不要觀想疾病或創傷，完全不要想著這類的畫面，把這些想法全趕出你的腦袋，要看到這個人再度安然無恙。

在完成形象並擺在蠟燭之間，且療癒香的煙在後方裊裊升起時，說出以下的字句或任何真心的懇求：

我已塑造出此形象，
這是……（名字）……的完美形象，
他病倒了，因為受到……（疾病或問題的名稱）……的傷害，
我知道大地可以協助療癒他／她，
就像療癒受傷的小鳥，以及
瀕死的魚一樣。
全能的大地之母，

你主宰萬物，

請療癒……（名字）……讓他／她從無法以其他方式治癒的狀況中康復。

任何神靈都會聽到你熱切的懇求。幾分鐘後，將蠟燭熄滅，將所有的東西小心地收好。

在尋常的日子裡，連續七天重複同樣的程序，將形象擺在蠟燭之間，說出上述或類似的字句。如果沒有立即出現樂觀的成果，可將舊的形象小心地拆開，將藥草撒在地上並全部埋起來，再製作一個新的形象。如同上次的步驟，請精準地操作。

當然，這類咒術只應在搭配正統療法的情況下使用，或是除非正統醫療無效時才可使用。

形象愛情符咒

這類的形象咒術在今日大受歡迎，因為它們由來已久。

不論是雕刻、縫製，還是其他方式，請用實際上你最擅長的方式製作自己的形象。將你所有的優缺點都傾注到形象裡，讓形象體現你的精神、生命力與你的存在。當你看著它的臉時（不論看起來可能有多粗糙或未完成），就像看到自己的臉一樣。

完成時，請擺放在安全的地方。接下來，用相同的材料製作你理想的戀情形象。當然這不應是特定的人，而是混合了你追求的男性或女性身上的一切特質。儘管你製作的僅是輪廓或粗略的特徵，請在裡面注入形體、精神、情感、智力和其他的特質；習慣和生活目標；任何吸引你或對你來說很重要的細節。

在完成兩個形象後，用粉紅色或紅色的線或繩子將它們鬆鬆地綁在一起。擺在不會受人打擾的地方幾個星期，但不要放在盒子裡或其他壓縮的空間裡。將會有人來到你身邊，而在那之後，就是你們兩個人的事了。

這種性質的咒術會將許多人吸引到你身邊，其中的一、兩個可能會成為好朋友。可能會從這當中的一人發展出更私密的關係，最終走向愛情。

如果確實發展出戀情，但關係最後結束後，請將形象解開，小心地將這完美戀情的其中一個形象拆開，然後重新開始。

如果你找不到戀人也是一樣，但請等到至少三個月後再重新進行。

這類的咒術不會迫使你遇見的人和你墜入愛河，它只是擴大了你的交友圈。你遇見的任何人都不會在魔法的壓迫或逼迫下愛上你，你必須靠自己讓他們愛上你。

結魔法

Knot Magic

12

✦

結魔法至少可追溯至四千年前，當時在近東地區[7]製造的楔形文字碑描述了各種與運用結有關的魔法。

儘管實際上結魔法在幾乎每個文化，而且大概也是幾乎每個時期都廣為人知，但現在已廢棄不用，甚至瀕臨完全被遺忘的危險。

為何一種遍布全球、簡單、實用又有效的魔法形式會受到遺忘？大概正是因為它很簡單且實用。魔法太常會搭配儀式而發展，甚至精密到荒謬的地步；而認為魔法就是要有排場和固定儀式的人，對簡單的事物抱持著懷疑的態度。

現在的結魔法仍如西元前二〇〇〇年一樣強大，而且至今仍能產生良好的結果。

7　指鄰近歐洲的東方，即地中海東部沿岸地區，包括非洲東北部和亞洲西南部，有時也包括巴爾幹半島。

在現代文化中有不少結魔法的「流傳」。在民間傳說中，「流傳」指的是人們雖然已遺忘來源，但仍會實行或記得的習俗或迷信。

例如，我們為什麼要綁一條線在手指上來記住重要的事？只是因為這有「約定要做」的意思？

打結的動作是用具體而實際的形式來發揮抽象的概念、觀點或想法。因此，當你在手指上打結，同時想著你想記得的事時，你是在心中創造繩結（身體）與你必須記住的想法（心智）之間的連結。以較魔法的層面來說，你打結並不是為了提醒自己這件事，而是為了確保你確實記得。

結魔法的技法之一是特別在某人的形象上打結，就是像字面意義上的用繩子將形象「綁起」，或是將形象綁在某個物品上，目的是約束這個人的行為、想法等等。「約定去做」的概念可追溯至人們相信其字面意義的時代，即某人會去做某事，因為他或她受到了約束。

聽起來很牽強？不過數千年前已有許多針對魔法中綑綁形象或打結所制定的法規。

事實上，任何扭轉、打結或編織的裝飾都曾一度在德國被視為是異教徒和偶像崇拜的物品，但另一方面，教堂上常刻有魔法繩結，用來防護異教徒魔法或「靈體」的進入。

結魔法的歷史確實漫長而迷人，但基本技巧甚至更吸引人。在此將介紹這些結魔法，但或許有個必要的小提醒。

你在執行咒術或施展魔法期間的動作並不如背後的需求那麼重要。你必須朝你的需求傳送自身的能量（透過你的情感），否則魔法就會無效。

魔法並非毫無感情且機械性地重複著字句和動作，這是全神貫注、充滿感情的體驗，而我們使用的字句和動作就是解開我們本就擁有的力量關鍵。

✦ 繩線 ✦

結魔法通常是以繩線進行。可以是任何顏色的繩子，但不同的顏色會有特定的聯想，而這些都列在附錄一。

應選擇天然材質的繩線，例如毛線（最為理想），或是棉線。請避免使用僵硬、緊密編織、粗糙或以塑膠為主的繩線，例如尼龍、人造絲或聚酯纖維。

在大部分的咒術裡，你只需要30至60公分的繩線。然而，如果需要打好幾個結，請使用大量的繩線，因為打結時會「吃掉」很多的長度。

將你的魔法繩結保存在不顯眼處，以免被拿去作為他用，才不會被灌注其他的振動能量。

如果你想編織或紡織自己的繩線，這會更有力量，因為這是由你親手製作的，而在建構期間你也能專注在自己的需求上，編織本身就是一種魔法行為。

簡單的結咒術

取任何你喜歡的繩線，最好以天然纖維製成。堅定地觀想你的需求；拿著繩線，盡可能投入你所有的情感，然後快速在繩線上打一個很緊的結。

用力拉繩線的兩端，直到拉緊；這會釋出力量並執行你的要求。

力量並不在繩結內，被釋出的力量會顯化你的需求。打結的繩線是你需求的實體代表，就像形象一樣。在需求實現之前，請隨身攜帶繩線，或是將繩線存放在家中的安全處。

請確保繩結不會鬆開。如果鬆開了，請重新開始新的結咒術。

當你的需求顯化為實體時（當然永遠都是以自然的方式，鑽石項鍊或環遊世界的機票不會在你施完財富或旅遊的咒術後五秒鐘就落在你大腿上），繩線可用以下幾種方式處理。

可以燒掉，以確保繩結不會鬆開，或是埋在繩結會分解的地方，或是安全地留置在不會有人碰到的盒子或箱子裡。

這項咒術可用在任何的需求上。如果你曾希望取消或逆轉咒術，可拿起繩線，將結鬆開，但這並不總是有效，因此請謹慎小心。

如果已將繩線燒掉或埋起，你便無法逆轉咒術。但這真的沒有關係，因為你確實有這樣的需求，這並不會隨著時間而改變。從現在起的十年後，當你回顧過去，我懷疑你是否真的會希望逆轉咒術！

我會納入上述資訊完全因為這是傳統。

破壞結咒術

如果你正面臨某種狀況、問題或可能的威脅，可施展一項咒術。取繩線，堅定地觀想你的問題和所有折磨人的細節，讓自己因此而情緒激動；氣到冒泡、崩潰大哭，只要有用的都可以，接著緊緊地打上結。

離開繩結，如果可以的話，離開放有繩結的房間。淋浴、用餐，做任何會讓你不再去想咒術的事，讓自己放鬆。

待情緒穩定後再回到繩結旁，在平靜的狀態下鬆開繩結，看著問題消失，溶入塵土中，並隨著淨化、清新的北風而消散。

這樣就完成了。

綁定物品

綁定是個實際的例子，展現出通常有害（因此完全「不要碰」）的魔法形式可以如何成為有效且完全無害的魔法程序。

如果有朋友想借某樣東西，而你對於要讓物品離開你手中有點猶豫，但你又必須這麼做，那就拿著這樣物品（如果小到可以移動並握住）和繩線。

將物品綁在身上，就是按字面意思將物品實際綁在自己身上。站著或坐著幾分鐘，觀想自己正在接受你借的人將物品歸還給你。

之後，將繩線剪斷（但不要將繩結鬆開），然後將物品借出，以確保你還會再次擁有它。

如果這樣物品太大，例如一輛車，可取一段繩線，將你的手或手臂綁在車子的一部分上（例如方向盤、天線等等），接著繼續照上述步驟進行。

將繩線擺在安全處，直到物品歸還。

愛情咒

取三條繩線，三種不同但討人喜歡的粉彩色（或許是粉紅、紅色和綠色）。將三條繩線緊緊地編在一起，在編織繩的一端附近緊緊打一個結，一邊想著你對愛情的需求。

接下來，再打一個結，然後再打一個，直到打好七個結。隨身穿戴繩線，直到找到你的愛情。

在這之後，請將繩線存放在安全處，或是獻給元素魔法：燒成灰後撒在海或河裡。

愛情約束

這項技法有點鬼祟，但應該只在關係確立時使用，可為相關雙方的愛情帶來小小的強化。

拿一件屬於你愛人的衣服，請選擇小而有彈性，而且不容易忽略的衣服。拿一件你自己的衣服，將兩件衣服緊緊綁在一起，然後藏在不會被發現的地方。

這有助你們幸福快樂地在一起。

療癒法

在一條紅線上打九個結，戴在脖子上，有助治癒病痛，對頭痛尤其有效。

另一種療癒法

為病人（或你自己）綁上紅繩。接著，將結鬆開，將繩子扔進烈火中，同時說出：

我將疾病投入火中，隨著繩子的燃燒，讓火吞噬疾病，

讓疾病隨著煙霧而消散！

隨著繩子的燃燒，觀想疾病也跟著燃燒殆盡。

保護約束

取一條繩子，打九個結，觀想一面盾牌、燃燒著火焰的劍、鎖上的門閂、槍支等任何你會聯想到用來保護自己免受敵意、外力或人身暴力的裝置。將繩子掛在家中，或是作為個人護身符隨身攜帶。

埃及結護身符

在一條長繩上打七個結，接著在末端打個平結。隨身攜帶以提供保護。

協助各種治療

將打好九個結的繩子緊緊綁在患病的身體部位。將結鬆開，接著將繩子上的九個結也鬆開，扔進流水中。

許願梯

取一條顏色符合你需求的長繩，同時取得在魔法上與你的需求相關的九顆種子、堅果、幾片樹皮、乾燥花，或是幾株香草（見第10章或附錄三）。

取一點香草，用繩子將香草束起並打結，拉緊，堅定地觀想你的需求。

重複同樣的程序八次，直到繩子打上九個結，每個結同時綁上一片樹皮或一朵花。

接著將繩子拿到戶外，將繩子高舉至空中，說：

九號結梯，

我形塑了你，請為我吸引，

我希望實現的需求。

這是我的心願，衷心祈禱！

將梯子掛在家中重要的地方，或是捲在燭臺周圍，燭臺裡放有適當顏色的蠟燭。許願梯不僅具有魔法效力，也有出色的裝飾效果。

✦ 一些關於結魔法的注意事項 ✦

可惜的是，絕大多數流傳至今的結咒術都是負面性質的魔法。儘管具有歷史上的價值，但這類的結咒術因為這樣的性質已無討論的餘地，因為這類的魔法並不良善，而且確實會對施做者帶來毀滅性的影響。

然而還是有其他非常適用的結咒術程序及趣聞。如果頭髮很長的話，在執行任何的魔法時最好將頭髮放下，不要綁束，其中的象徵意義非常明顯：任何的打結或扭轉可能會抑制力量。

然而在施行保護咒時，可將頭髮編辮子或綁起來，再穿上鉤織或針織的衣物（冬天時很適合穿上毛衣），都可帶來寶貴的附加效果。

基於相同理由，網是極具保護力的。許多海巫和魔法師家中都有網。網不只帶有海邊的氣氛，也非常有力量。

因此，編織掛繩（macramé）也有同樣作用。

如果你一覺醒來發現頭髮打結，據說是精靈和仙子趁你睡覺時在你的頭髮裡玩耍，頭髮因此而打結。精靈與仙子和結之間有非常古老的淵源，可追溯至魔法即科學的世紀。

如果你曾需要施行結咒術，但手邊卻沒有繩子，或是無法使用繩子，可假裝拿起一條繩子並打結，同時堅定地觀想你的需求，就和一般的結咒術一樣。

這會像你用手上的實體繩子執行咒術一樣力量強大。

而且如果你曾希望確保自己記得某件重要的事，可在手指上綁上一條細線！

蠟燭魔法

Candle Magic

13

✦

蠟燭魔法是複雜的技藝，許多優質的書籍都曾撰寫過相關的主題。然而，這裡將介紹相關的基礎原理，因為蠟燭可被融入其他形式的魔法中，這是相當實用的方法。在此介紹的一些儀式和咒術涵蓋各式各樣的情況，而且可以發揮些許創意稍做修改，以符合各種需求。

蠟燭燃燒魔法在火（蠟燭火）、色彩（蠟燭本身）的協助下而生效，也能搭配任何你想運用的其他輔助力。藥草經常搭配蠟燭魔法使用，因為光是藥草本身就是強大能量的來源。

✦ 蠟燭 ✦

現在可取得各種大小、形狀和設計的蠟燭，只要到優質的蠟燭店一遊便可證明。然而，當蠟燭用於魔法時，變化又可增加十倍。有人形蠟燭、多結蠟燭、骷髏頭和木乃伊棺蠟燭，甚至是「惡魔」和十字架蠟燭！

我們可取得各種顏色的蠟燭，從最純淨的白色到最深邃的黑色，尺寸則從牙籤大小到一公尺的極巨大蠟燭都有。

這些都很好，但也都很貴，而且都並非必要。簡單的細長蠟燭（可在雜貨店、五金行和專賣店取得）就很好用。

就魔法而言，蜂蠟蠟燭是理想的選擇，一方面基於蜜蜂的象徵意義，另一方面則因蠟本身就是天然的產物。可惜的是，蜂蠟蠟燭非常昂貴，除非你具備蜂巢和製作蠟燭的能力，否則較廉價的石蠟蠟燭也是可行的。

既然每種顏色都有不同的屬性，你必須選擇符合你需求的蠟燭。你可遵循兩種體系，即可配合需求和元素之一並使用元素的顏色，或是參考附錄一的對應色彩。

不論是哪一種方式，都請確保你的蠟燭沒有裂縫或破損，因為這些會破壞蠟燭的力量。

當你購買魔法用蠟燭時，請盡量保存在不會被人觸碰到的特定場所。

✦ 燭臺 ✦

燭臺也可在任何商店買到。使用燭臺的最重要考量是可讓蠟燭保持直立，必須讓蠟燭在點燃期間絕不會倒下，否則在燃燒時可能會使燭臺著火，因此可不必考慮木頭或塑膠燭臺。也要小心燭臺會傳熱，例如金屬燭臺，因為它們可能會燒焦擺放物品的表面。

✦ 藥草 ✦

如果你想使用藥草，可從附錄三的清單中選擇。儘管沒有明確的規範，但混合三種以上的藥草會比使用單一的藥草更有力量。每種材料都會增添自己的力量，混合使用會比各種單一的材料更有效益。

根據經驗法則，應涵蓋奇數的藥草，而且確定每種都和你的需求明確相關。

如果找不到適合的藥草，可使用迷迭香。這種藥草（義大利廚師的最愛）也是最常使用的魔法藥草，因為它的力量可用在幾乎每種魔法需求上。

將適當顏色的蠟燭、燭臺，以及任何你要使用的藥草帶到平坦的表面，而這個表面必須能夠讓你留置燃燒的蠟燭長達數小時（如果你有聖壇或其他的魔法工作空間，就在那裡進行）。

將蠟燭擺在燭臺上，在燭臺周圍或裡面（如果有空間的話）撒上少量你要使用的藥草。不需要撒太多，尤其當藥草可在燭臺內確實接觸蠟燭本身時；太多可能會著火。

現在你唯一要做的就是點燃蠟燭。那何不用魔法的方式點燃呢？將燈關掉（蠟燭魔法最好在夜晚進行，但白天也會有效）。取一個火柴盒，拿在手上，並將火柴舉高，但要遠離你的頭部。

將火柴快速擦過火柴盒，在火柴冒出火焰時，將火柴放下，直到點燃蠟燭。在這麼做的同時，請想著火的元素能量火花降下，為你的魔法賦予力量。

隨著燭火變得更加明亮，將火柴扔進耐熱的菸灰缸（請勿吹熄或搖動）。安靜地坐著或站著，一邊看著燭火，一邊觀想著自己的需求。

撒在蠟燭底部周圍的藥草會將能量以圓錐狀向上傳送。藥草的能量會和蠟燭顏色的能量在火焰中混合，並以此為中心向四面八方擴散，展開為你實現需求的程序。

如果你想要的話，可在點燃蠟燭時唱誦一些字句，或是大聲陳述你的需求，但這並非真的必要。即使不這麼做，火焰、色彩和藥草也會發揮效用。

如果可以的話，讓蠟燭繼續燃燒至完全燒盡。如果無法這麼做，請將燭火捏熄或熄滅，然後儘快再次點燃。絕不要在無人看管的情況下留下仍在燃燒的蠟燭。

這簡單的儀式可無止境地延伸，其中一個簡單的例子就是盧恩符文的使用。可用刀將適當的盧恩符文刻在蠟燭上，或是畫在一張紙上，然後擺在燭臺上。可在蠟燭周圍放上石頭，尤其是在進行保護儀式時，可為蠟燭抹上有香味的油來增加振動頻率。由於油具有和其萃取植物相同的魔法用途，附錄三的藥草清單可提供絕佳的指引。

以下是一些蠟燭占卜法，這些代表部分古老魔法實踐的最終遺跡，即透過火來判斷可能發生的未來事件，或是取得洞見。

多蠟燭占卜

根據你面臨的選擇，在燭臺內擺好與選擇數量相同且外觀一致的蠟燭。如果你想要某個簡單問題的答案，可使用兩根蠟燭：一根代表是，另一根代表否。

在一個沒有風的區域，依你的選擇為每根蠟燭命名並點燃。第一根發出劈啪聲且燒完的就是你的首選。

三蠟燭占卜

將三根同樣顏色的蠟燭各自擺在款式一致的燭臺裡，如果可以的話，請擺在無風的地方。將它們排成三角形並點燃。

如果某一根的火焰比其他的更為明亮，你將迎來一段意外的好運期。熄滅的火焰表示運勢低迷期。如果火焰在繞圈，表示有人會對你不利。如果有火花噴出也是負面徵兆。如果蠟燭穩定、沒有變化且平靜地燃燒，你的生活將維持不變。

單根蠟燭占卜

點燃一根蠟燭。讓蠟燭持續燃燒數小時，附近不要有紙張。詢問一個是非題，這時安靜地坐著並看著蠟燭。

如果右邊的蠟燭燒得比左邊快，那麼答案是「是」。如果相反，那答案就是「否」。

當用點蠟燭來判斷未來影響時，右邊代表好運。然而，如果左邊燒得比右邊快，表示前景不太樂觀。

蠟魔法

Wax Magic

14

✦

透過蠟燭的蠟來進行占卜也是火系魔法的一種面向，即利用火的照明性質來照亮未來。技巧和準備工作都很簡單，而且結果出奇有幫助。

以下提供兩項蠟燭或蠟解讀法：滴蠟和融蠟法。它們都有自己的優缺點。

滴蠟法最為簡單，但結果也經常難以詮釋，需要大量練習才能獲得精確的解讀。

融蠟法通常可產生出色的結果，但你必須先將蠟融化，而這不僅容易製造髒亂，如果不採取預防措施的話，甚至也很危險。由於現在的蠟（最好選擇蜂蠟，或是石蠟也可以）價格過於昂貴，這又是另一個需要考量的重點。然而，融蠟所形成的形狀極容易解讀，因此這樣的花費是值得的。

以下將介紹兩種方法。

若要進行這項占卜法，你將需要一些細長的蠟燭（20公分以上），蠟燭顏色為基本的四元素色彩：綠色、黃色、紅色和藍色。每次的解讀都必須用到其中一項元素。你也需要一個大而圓或方形的容器，裡面裝入冷水。可以是任何材質的容器，但以陶瓷或玻璃最佳，因為可以耐熱，不建議使用塑膠材質。

將蠟燭、一盒火柴、裝水的容器擺在桌子或其他的平坦表面上。現在你已準備好開始進行蠟占卜。

如果你有想解答的特定問題，可透過元素的象徵意義，使用與你問題相關的色彩蠟燭（見第4章：魔法元素）。如果問題似乎和任何元素都不相關，請使用白蠟燭。如果你沒有任何問題，只是單純想一窺未來，可使用黃色蠟燭，因為這是一般占卜的顏色。

點燃蠟燭，將蠟燭直立地拿在水上一會兒，同時想著你的問題，或是單純讓心情平靜下來。

當蠟燭充分燃燒，而且開始融蠟時，將蠟燭傾斜，並將蠟燭持續地握在水面上約二點5公分處。

蠟將會開始滴至水面上。

如果有極小的蠟滴（硬化成很小的蠟微滴，表面平滑但底部為圓形）沒有融化而形成圖案，表示你並沒有專心想著問題。請排除心中的一切雜念。

蠟滴會在水面上形成圖案。

如果你對於完成這樣的動作有困難，可開始緩慢地移動蠟燭，讓蠟滴碰在一起，在水面上形成線條。如果在幾分鐘後完成，水面上將會出現明確的形狀。

如果發生這樣的情況，請用手指將燭火捏熄，或是使用滅燭器將火焰熄滅，然後擺在一旁。注視著形成的形狀。看起來像什麼？小心翼翼地將蠟拿起，以免蠟破裂並認真思考。這樣看起來是否一樣，還是不同？研究它的厚度，看看它是否對你傳達任何象徵性的意義。

以下是一些蠟滴法常見的形狀和圖案，以及它們傳統上的意義。如你所見，這種占卜法的解讀相當有限。

螺旋形

這是最常見的形狀，由蠟在水面上旋轉的方式所形成。螺旋形代表轉世、宇宙、世界，或許也代表特別的生活。可能是指你必須到其他的地方發展，或是代表來自前世的訊息。依據問題的性質而定，或許問題（或解答）就在家中。這絕佳地展現出詮釋必然是非常個人的事；沒有其他人可以告訴你，這些符號到底跟你有什麼關聯。通常浮現在你腦海中的第一個意義就是正確答案。

圓形

圓形代表永恆和生育力，可依詢問的問題來詮釋是屬於哪種屬性。生育力或許也代表新的活動、財務安全，或甚至是新生命即將到來！也可能表示計畫的成功完成。永恆的意思或許就是那樣：在某件事完成或發生前需要很長的一段時間。圓形也代表宗教和靈性，因此如果在相關的背景下也可以進行這樣的解讀。

斷裂的線

如果蠟滴形成不相連的線，這代表力量的分散，或是你的生活、事業或其他的追求缺乏專注。這也可能意謂反抗你的力量，但不要太按字面上解讀，這樣的力量也可能就存在於你的體內。這並非正面的圖樣，因為這表示你必須做出改變，才能整頓你的生活。

小點

不相連的蠟滴有時是你唯一會形成的圖案。如前所述，這在占卜有時表示缺乏專注力，但也可能意謂問題太複雜，此時尚無法得到答案。如果你試著進行蠟占卜法數次，每次都只有出現小點，這表示你可能問錯問題了，或是如果你沒有問問題，這可能表示你不該在此時試圖窺探未來（至少不能透過蠟和水）。或許最好先放下蠟燭和水，嘗試其他的方法（或許可嘗試本書中其他地方提到的方法）。

✦ 融蠟占卜 ✦

這種占卜法非常耗時，但如前所述，也經常被認為是較有效的方法。

你需要一個隔水加熱鍋來進行。如果沒有，將咖啡罐擺在一大鍋的水中也行得通。這樣確實不夠華麗，但有效。

在隔水加熱鍋的內鍋（或去掉標籤的咖啡罐）中擺上約一杯的固態蠟碎片。蠟片可在手工藝材料行取得，製造罐頭用的石蠟（可在多數的雜貨店取得）也很好。蜂蠟是最理想的選擇，但再度強調，價格也相當昂貴。

蠟應為純白色。染色不僅會增加開銷，而且也費工。在外鍋中裝入三分之一的水，擺入內鍋或咖啡罐。將水加熱至沸騰。蠟應幾乎立即開始融化。在爐子旁擺上一盒小蘇打粉，以防蠟著火。在使用隔水加熱鍋時會有點危險，但事先做好準備只是為了預防萬一。

在蠟融化時，請按第一種方法的指示，在一個容器中裝水。當蠟融化時，用隔熱手套將咖啡罐或隔水加熱鍋小心地從鍋中移出，帶到裝水的容器旁。專心地想著你的問題（或淨空思緒），同時快速地將一半的蠟倒入水中。將罐子或鍋子放回隔水加熱鍋中，將火關掉。這時回到桌旁，看著你剛用蠟形成的形象。

如果還沒凝固，請等待。接著，小心翼翼地將蠟浸入水中，讓整個蠟硬化，最後將蠟取出。

融化的蠟衝擊水面，接著立即硬化，形成堅固的立體物。有時是略為抽象的圖案，有時則極其明確。

看著這塊蠟一會兒，在手中翻面，尋找它的特性。一旦認出形狀，就可進行解讀（見第3章：技術）。

如同所有的神祕學技法，尤其是占卜，只要練習就會進步。

你的隔水加熱鍋裡還留有一半的蠟對吧？請倒入水中，形成另一個形狀。如果兩次都詢問同一個問題（或是沒有問題），兩個形狀可以一起解讀，這可讓你的象徵意義範圍更加豐富。

鏡魔法

Mirror Magic

15

✦

魔鏡啊魔鏡，

誰是世界上最美的人？

在我們現在稱為《白雪公主》的古老童話故事裡，壞皇后對她魔鏡的祈求依舊是仿效古老的魔法實踐。如同許多的魔法工具，鏡子是依性質而有不同款式的裝置。

最早的鏡子就是湖泊。在無風的日子裡，水面無波，我們便可看到相當清晰的倒影。因試圖捕捉這樣的現象，人們將石頭磨亮、將金屬擦亮，最終製造出玻璃，並在玻璃背面加上薄薄一層銀，製造出完美的反射表面，就像將絕對清楚的湖面「凍結」，讓我們隨時可以使用。

一直以來，鏡子（以及所有可反射的表面）激發著我們的想像力。民間傳說經常同時提及鏡子和魔法，儘管這類的實踐在今日已幾乎被遺忘。

鏡子的象徵意義既簡單又複雜。有人主張鏡子是為了敬拜月亮所創造的，因為月亮會反射太陽的光，而鏡子也是一種反射物。既然是月亮的象徵，用於魔法的鏡子通常是圓的。

鏡子也讓我們看見若沒有它們的協助便無法看見的事物，不僅是實體事物，也包括更高層面的事物，例如前世記憶、窺探未來，或是同時在另一個地方發生的事件景象。

鏡魔法的全盛期大概是在古希臘羅馬時代。當時磨亮的青銅鏡用於魔法，也用於美妝禮儀上。這些鏡子大多小巧，可握在手上。

一項誘發靈視影像的古老技巧是用劍或刀閃亮的刀身來捕捉火焰的光芒，因此會映照出倒影，這時專心地凝視著這個倒影，就會產生畫面。這只是另一種形式的金屬鏡魔法。

儘管至今仍會使用像這樣的做法，但現在大多數的鏡魔法是以玻璃鏡進行。較舊的鏡子未必比較好，因為往往會帶有瑕疵（例如鍍銀層剝落或「隆起」），這可能會對大部分的魔法施展造成干擾。

若要快速進行儀式，甚至可使用小巧的化妝鏡，不過這對女性來說會較為容易。在女性假裝確認妝容時便可完成一項以上的咒術。

永遠記得鏡子只是個工具，是和月亮還有你的潛意識的連結，最終還是和大自然本身相關。

以下將詳述鏡魔法的準備工作。儘管魔鏡無法用於本章中的所有咒術，但還是建議進行相關的準備工作，一旦完成後，魔鏡便隨時任你差遣。魔法經常是一時興起的，應盡可能做好萬全準備。

✦ 魔鏡 ✦

找一面直徑約30至75公分的圓鏡。

理想上這面鏡子應鑲上類似的圓框，漆成黑色，但可依你手邊的資源彈性變化。購入鏡子後，將鏡子帶回家，用清水小心地清洗鏡面。如果你想要的話，可接著用艾草浸泡液清洗，比例為一小匙的艾草加一杯的水，並在冷卻後使用。

在鏡子晾乾時，用黑布蓋住鏡面，將鏡子平放在不會被碰到的地方，直到滿月。在滿月的夜晚，將鏡子暴露在月光下，最好是放在戶外，但如有必要，也可透過窗戶曬月光。讓魔鏡在月光下吸收能量，並說出以下或類似的字句：

月亮女士，
您俯視萬物，熟知一切知識，
我供奉這面鏡子，讓它充滿您的光輝，
願它照亮我的魔法工作和生活。

這時將鏡子收進屋裡，掛在臥室或你施展魔法房間的東邊牆上。不用時請將這面鏡子蓋好。

每年至少讓鏡子曬三次月亮。在鏡子積灰塵時（只是萬一），請用艾草浸泡液或淡水清洗。千萬不要使用含氨的清潔噴霧，因為氨會破壞一切的魔法效力！

如果你願意的話，可使用「靈性」類型的油（例如丁香或肉豆蔻）在鏡子背面畫一個新月，用月亮的符號加以標示。

絕不要將這面鏡子用於魔法以外的用途，日常生活請使用其他的鏡子。

以下提供幾種咒術，大多可搭配魔鏡完成。

窺視預測唱誦

站在魔鏡前，移去覆蓋物，唱誦以下字句直到畫面浮現：

月亮鏡，
玻璃鏡，
讓我看見
會發生的事。
為我掀開籠罩眼前的面紗。
這是我的心願，
衷心祈禱！

進行窺視預測魔法的最佳時機是在黎明、黃昏或深夜。

遙遠的記憶

在一個漆黑的房間裡將一根白蠟燭點燃，將蠟燭擺在當你站在鏡子前可照亮臉部，但鏡子本身不會反光的位置。

說出以下字句：

月光神使，

現在請將預知力傳送給我。

凝視著你倒影的雙眸，或是看著眼睛的上方或雙眼之間。漸漸地，你的倒影會消失，你會看到另一張臉浮現；那將會是你過去世的臉，而你應該對這張臉非常熟悉。

經過練習，這個方法便可用來獲取大量關於前世的資訊。試著對這張臉「調頻」，嘗試看到身體的其他部位、服飾、首飾、背景等任何可能有助你辨識時代和地點的資訊。光是看到臉可能就會引發你內在意外的情緒反應；請注意這些反應，你可能就會開始想起鎖在遙遠記憶庫的人物和事件。

有時在接近昏暗的狀態效果會更好；可調整照到臉上的光量，直到獲得理想的結果。

簡易鏡咒術

站在魔鏡前，將兩根適當顏色（見附錄一）的蠟燭擺在鏡子的兩邊，用油性筆（或是如同我第一個老師常說的，用鮮紅色的唇膏）或水溶性顏料畫出一個符合你需求的盧恩符文或象徵圖案。在畫符文時，務必要在鏡子可照到你臉部和符文的空間進行。看著象徵圖案與你的鏡像融為一體，你知道你的需求將會在生活中得到滿足。

閉上眼睛，堅定地觀想你的需求，接著離開這個區域。這個盧恩符文應能留在鏡面上直到早晨，到時應用布擦去，擦的時候最好不要看著符文。

占卜

取一個圓形的小鏡子，浸入水中（最好是湖水或河水，但裝滿水的水槽或浴缸也可以）。立即取出，映照自己的倒影。如果樣貌受損，請當心！這表示你可能會惹禍上身，或是很快會遇到問題，請執行保護魔法。

如果倒影很清楚，近期內不會有任何問題。

其他占卜

如果你想知道遠方親友的狀況（是否安好無恙），可以這麼做：

在接近黑暗的狀況下站在鏡子前，觀想你上次見到這個人時他或她的臉；請盡量觀想完整的畫面。這時持續觀想著這個人的臉，等待任何的變化發生，例如臉上形成的傷疤可能表示身體上的問題，笑臉可能代表幸福快樂等等。

整個影像可能會被某個符碼遮住，這時應用這個符碼來詮釋並判斷友人的狀況。經過練習，這可以為建立連結帶來很大的幫助，或至少可以「檢查」遠方的友人。

鏡子門戶

當你感覺到屋內有邪惡的能量，可取一個圓形的小鏡子，將背面漆成黑色，想辦法將鏡子高高掛在邪惡能量最強的房間天花板旁的某個角落。

如果可以的話，請將鏡子掛在和牆面形成45度角處。

這面鏡子的作用就像「門戶」，所有屋內的邪惡能量應會被驅逐至外部空間，並隨之消散毀滅。

將鏡子掛起後，站在房間內，看著如濁霧般濃黑的邪惡能量以逆時針方向繞著自己打轉。這時，抬頭看著鏡子，觀想那裡開啟了一扇大門，一扇空間中的真空之門。看著這黑色的邪惡霧氣被吸進鏡中，遠離你的家園，遠離你的生活。

如果你進行這樣的動作有困難，可重複至你感覺房間已擺脫負面能量為止。完成後（感覺可能像是這個房間在事後鬆了口氣），站在某個讓你可以摸到鏡子的東西上，用你力量手的食指在鏡面畫出等臂十字架來「鎖定」，讓鏡子成為單向的門戶。邪惡可以出去，但不能回來。

將食指從鏡面上方朝底部劃一直線，接著將手指抬起，放在鏡子中央的左邊，朝右邊劃一直線，形成十字架。

將鏡子留在原位至少七天。七天後，將鏡子移開，用很濃的醋或氨水來淨化，讓鏡子擺脫一切的負面振動能量，但請不要用你的魔鏡來執行這項咒術。

用月亮和鏡子進行窺視預測

在一個涼爽晴朗且滿月高掛空中的夜晚，將一個小而圓，但又要大到可以握在手中的凸面鏡（汽車的後視鏡會是理想選擇）帶到戶外。

舒適地坐著，讓月亮的倒影映照在鏡子上。專注地看著那銀白色的極小光點，開始朝四面八方以極緩慢的速度移動鏡子，看著月亮的影像在鏡面舞動。

只要你單獨進行且不受到打擾，幾分鐘後，這將會誘使你進入出神狀態。

改善外形

獨自且赤裸地站在魔鏡前。如果可以的話，應讓鏡子照到你身體每個需改善的部位。這會需要一個很大的鏡子，至少直徑75公分。

凝視著由柔和燭光映照出你自己的倒影，仔細端詳並檢視你的倒影，在這麼做的同時說出：

透明如水晶，
透明如空氣，
請讓我的體態
美好而勻稱。

接著請運用你的觀想力量，開始形塑一個新的身體。撫平皺紋、肥胖部位平坦、增加肌肉等，用你的心靈力量進行身上將看到的一切改變。

盡可能維持這樣的畫面久一點的時間，最多十三分鐘左右。之後，再度看著自己的身材，再度說出以下的字句：

透明如水晶，

透明如空氣，
請讓我的體態
美好而勻稱。

每天早晚重複這項咒術，同時加上運動、節食，以及其他有助你達成目標的事物來提供支持。

歸還咒

如果你認為有已知或未知的人或實體正對你發射惡意的能量，可使用這項咒術。即使你並不確定是否有人正要傷害你，還是可以執行這項咒術來以防萬一。

將一面小而圓的鏡子（不是你的魔鏡）靠在牆上，或是固定在支架上，讓鏡子與牆面平行。在鏡子前放一個樸素的燭臺，裡面放一個黑色蠟燭，務必要讓鏡子照到蠟燭。

這時拿一個白色的大蠟燭，擺在遠離鏡面的位置（最好是鏡子照不到的地方），點燃。這個動作是為了確保黑色蠟燭不會吸引任何邪惡的力量。

這時站在鏡子和黑色蠟燭前方，點一根火柴，在點燃蠟燭的同時開始唱誦：

黑色，黑色，

將邪惡歸還。

看著蠟燭一會兒，同時反覆唱誦以上字句，之後離開房間。

一小時後，將蠟燭的火焰熄滅（不要用手，可用滅燭器或是刀片），將蠟燭和鏡子收起。接著熄滅白蠟燭的火，將蠟燭擺在視線以外的安全處。重複同樣的咒術七個晚上，或是直到你感覺惡意的能量已消失。

這項咒術會將所有可能朝你發射的邪惡力量都歸還給原來的發送者，這只是防禦措施。

幣釜咒

這承襲自我們祖先執行的金屬鏡魔法。這裡的「鏡子」指的是大的銀幣（如果是在美國，這應指一九六四年之前鑄造的銀幣，一九六四年時大部分的硬幣已用其他金屬來取代銀。我在魔法中使用的是一九六一年的自由鐘半美元。既然銀是月亮的象徵，堅持使用真正的銀幣有非常明確的理由）。

在滿月的夜晚，在大釜（或是任何內外都漆成黑色的碗）中注入水。將大釜和銀幣帶到戶外不會受人打擾的場所。

將大釜或碗放在地上，拿著銀幣朝月亮高舉，說出：

光之女士，
夜之女士，
請在此次儀式中
強化我的視野。

將銀幣放入水中，當銀幣停在底部時，調整大釜和銀幣，讓銀幣可以捕捉和反射月光，看起來會像是在大釜漆黑的內部有一個圓形、閃耀的銀白色物品。

舒適地坐著或跪著，眼睛半閉地凝視著銀幣，預知的畫面將會浮現。

✦ 破鏡 ✦

打破鏡子會衰七年？那是迷信。

事實上，儘管對於這部分的誤傳有很多種解釋，但最合理的說法之一（也符合魔法思維），就是你必須再買一面鏡子！十四世紀，威尼斯製造了第一批時髦的破鏡，而且要價不菲。如果傭人意外打破了一面鏡子，我們可以想見他／她的未來，他或她確實可能從男主人或女主人身上得到厄運！

如果你的魔鏡打破了，或是任何鏡子打破了，都不必擔心，它仍具有寶貴的魔法價值。小心地收集所有大的碎片，放進乾淨的玻璃罐裡。將鏡子的粉塵掃起，也倒入這個罐子裡，然後用瓶塞或蓋子緊緊密封，擺在家中可照到陽光的窗戶前。

這自然會阻擋邪惡或負面影響進入你的居所，因為這上千片的微小碎片每一片就是一面保護鏡。

經常為罐子清理灰塵，保護鏡就會持續為你所用。如果你願意的話，也可以將一面小的圓鏡黏在罐子上方。

結束後，請再買一面鏡子並做好準備，以確保在需要時隨時有魔鏡可用。

雨、霧和暴風魔法

Rain, Fog, And Storm Magic

16

✦

天氣一直以來都是恐懼、喜悅、憤怒和沮喪的主題。對於沒有經常和大自然保持聯繫的人來說，突如其來的暴雨可能會毀了一場野餐，或是一道閃電可能會侵襲家中並焚燒家中物品。

幾世紀以來，魔法師和巫師已經知道和天氣合作的方法，也知道如何在一定程度上控制天氣。

以下將介紹閃電、濃霧、細雨和猛烈暴風雨的相關魔法。儘管有無數的咒術可祈雨，但這裡僅介紹其中幾種，因為這樣的咒術太常帶來期望的效果，然而之後卻停不下來。

✦ 雨 ✦

雨是大自然清潔、淨化的循環。因此，暴雨來襲時是執行這類咒術的絕佳時機，例如以下的魔法：

打破壞習慣

用水彩或粉筆在一張紙上畫出或寫出你的壞習慣，立刻帶進雨中，讓雨將水彩或粉筆畫溶解並消散，你的習慣應該也會隨之溶解，並受到神聖的雨所淨化。

雨占卜

在外面下著小雨時，請做以下的事：在如派盤或餅乾烤盤等平坦的表面上，撒上一層均勻的香料粉，例如肉桂。當表面完全被覆蓋至均勻的深度時，帶到外面，站在雨中，詢問你的問題，然後跑回屋內。雨滴會弄亂香料，並在上面蝕刻出圖案或符碼。安靜地坐著，凝視著香料，直到你察覺答案。

✦ 霧魔法 ✦

霧魔法最好在被薄霧緊緊纏繞的夜晚執行。附近應幾乎沒有光線，如此咒術和魔法會最為有效；而且你必須和霧獨處。

如果有光，請移動至光的前方，如此一來，它會照亮你前方的霧，但你卻不會被它的光亮所擾亂。

霧會覆蓋外界，而你獨自在霧中，完全孤身一人，只有你站著的地面將你與大地連結。霧魔法是無跡可循的，就像物質本身一樣變幻莫測，以下將提供一些指導方針。

為霧裝載能量

站在大片的霧前，為霧裝載特定的情感價值：仇恨、喜悅、愛、沮喪、恐懼、和平與驚駭，實驗看看你是否能這麼做。

看著這些情緒如發光的能量光線般離開你的身體，看著這些光線射進霧中，將霧點亮，直到霧散發出正向的光芒。

這時，淨空思緒，走進霧中，感受霧為你帶來的影響，這些情緒應該會湧向你。

如果你成功了，可再進一步練習。為面前的濃霧裝載大量的輻射熱，走進霧中，應會感覺到較為溫暖。

掌握這項技巧後，下次當你發現自己走在霧中時，便可用於實際用途。如果你感到恐懼，可為面前的霧裝載平靜或勇氣，一邊前行，一邊持續這麼做，不一會兒，你的恐懼就會消散。

或是你的經濟狀況並不理想，可為正前方的霧裝載金黃色的能量，看著霧因金幣而閃閃發光，滿滿的金幣漂浮在雲霧繚繞的空氣中，你一邊走，一邊將這些金幣「舀起」，並存放在你的口袋裡。

為霧裝載能量可以有多種用途。

防護霧

當你發現自己走在濃霧中時，可觀想霧以逆時針方向圍繞著自己，以燦爛耀眼的白光緊緊地包住自己。

一旦掌握其中的訣竅，這便可出色地保護你，讓你免受可能在霧中伺機攻擊你的未知事物所傷害。

魔霧練習

為了培養你的專注力，同時也為了出色地展現力量，請站在你可以看到霧的霧中（即白天或是接近光線的地方）。

放鬆，直接看進你眼前的霧中，你的目標是從霧中燒出清楚的洞。不要企圖迫使霧蒸發，只要持續看進霧裡。如果你做對了，洞將會出現，而且會持續變大。

霧觀想

當你感覺自己的腦袋受到入侵，或是你感到有人正試圖讀取你的想法，可觀想一片濃厚且無法穿透的霧在你的腦中以逆時針方向盤旋。觀想它是不斷移動的黑色團塊。只要你持續觀想，這應能有效阻擋任何以靈力竊取訊息的行為。

儘管或許很少有機會用到這樣的技巧，但確實有些人會有意或無意地進入我們的腦袋，這樣的觀想便可阻擋他們的企圖。

✦ 暴風雨 ✦

雷雨是帶有大量能量的時期。閃電的電力混合水(雨)的磁力，因而創造出極強力的魔法組合。

任何在暴雨期間施展的咒術將會更加有效。因此，這個時候(尤其是在天黑後發生的暴雨)通常可以讓優秀的魔法師或巫師的工作更快發揮效果。

首先，房子本身必須受到保護，也包含屋內和牆內的所有物品。

雷暴期間的護家咒

點燃一根白色的蠟燭和一根黃色的蠟燭，擺在家中重要的地方(以魔法或宗教聖壇最為理想)。

逐一穿過整間屋子的每個房間，同時唱誦以下字句，直到你已拜訪了每個房間、壁櫥、餐具櫃和入口至少一次：

細雨之女主，

風暴之男主，
請防範災厄，
保護我免受傷害。
當火焰從空中飛來
雨滴猛烈襲來，
請將我所愛之人納入你的庇護之下
直到風暴平息。
風兒，風兒，請守護我的家屬。
火焰，火焰，勿使人殘缺。
雨兒，雨兒，請快速消退。
大地，大地，守護我的財富。
房子會就此受到封印和安全防護，直到風暴離開這個地區。

閃電魔法

現在，讓我們直奔主題。所有的護身符、避邪物、幸運符和個人力量物品都可以用這從天空降下的閃耀能量來充電。

將要充電的物品（只有你感覺需要閃電電力的物品，例如和療癒、保護等相關的物品）帶到戶外，擺在不會被沖走，但仍能完全暴露在雨和閃電之下的地方。

請勿將物品擺在房子或其他大型建築物的屋頂上。你可能會想綁在樹上，或是擺在大型容器中。做任何可在充電過程中確保物品安全的必要措施。

在風暴過去後，將物品帶進屋內，小心地將物品弄乾，然後放在安全處。這時物品已裝載了大量的能量，應能隨著能量共振。

閃電防護

如果外面雷電交加，你或許會想為你的房子製作一個防閃電的護身符，保護房子不會被閃電誤擊。為了製作護身符，請取荷蘭芹、接骨木果和槲寄生約各一小匙；加上一顆橡實和一些弄碎的蕨類植物。將上述材料放入一個以白色材質製成的小袋，填滿粗岩鹽，盡可能高掛在屋內。閣樓是絕佳場所，這可保護你的房子免受閃電侵襲。

傳統上會在家附近種植橡樹來防止閃電，因此，如果你住在經常有強烈暴風雨來襲的區域，你也可以考慮這麼做。

最後還有一種閃電護身符。如果你在風暴過後找到被閃電擊中的樹，可試著取一小部分燒焦變黑的木頭。如果你確實取走部分的樹木，請埋下某物向樹木致意。據說如果讓病人握著被閃電打擊的木頭，用木頭摩擦患病的身體部位，然後再丟到病患背後，便可移去所有疾病。

✦ 當風暴過去 ✦

當雨勢和閃電已停止，但你不確定風暴是否完全過去，如果是白天，可看向天空。如果你看到鳥，那是絕佳的徵兆。然而，為了確定，請看著飛行中的鳥並大聲唱誦：

空中的鳥兒，

無憂無慮地飛翔。

這裡會下雨嗎？

那裡會下雨嗎？

在牠們飛走後，停止唱誦，仔細觀察牠們離去的方向；如果是東方，表示風暴已過去。如果牠們飛往南方，可能會有更猛烈的風暴朝著你的方向而來。當鳥飛向西方時，很快就會繼續下雨，但如果牠們飛向北方，當天之後的時間都會是晴朗的。或是可有節奏的方式記誦以下口訣：

向東即將放晴，

向南聽見風暴，

向西雨不停息，

向南太陽昇起。

✦ 影響天氣 ✦

如前所述，控制天氣可能很危險。但在某些時候，這類的咒術是必要的。如果用於熱切而真誠的需求，使用這樣的咒術並不會引發任何問題。

請記住，大自然之母是強大的力量，要說服她改變心意（天氣）並不是容易的事。

祈雨

在野外偏僻的地方同時燃燒石南花、蕨類和掃帚。隨著煙的升起，觀想煙形成雲的形狀，而這些雲變為黑色，並將大量的雨噴向地面。

釀雨

在桶子、罐子或大釜中裝水，加入一些弄碎的乾燥蕨類葉片，連同一支全新的掃帚帶到戶外你希望降雨的地方。用掃帚頭在大釜中以順時針方向攪拌，慢慢加速至水瘋狂地翻攪，而掃帚的握柄似乎幾近自行旋轉。

在這麼做的同時，觀想一場狂風暴雨，雨水轟隆隆地落在乾裂的地面上，揚起塵土；風吹拂著樹木和你自己的衣服；打雷了，即大自然以令人敬畏的力量將它所有的憤怒傾瀉而出，形成驚人的爆發力量。

當你能生動地想像雨猛烈地打在你身上且風狂暴地吹拂時，將掃帚弄濕的一端朝天空高舉，用盡全力搖動掃帚。再浸入大釜中，重複同樣的程序，始終觀想暴風在你周遭賣力演出。

將掃帚扔掉，將容器舉起，將內容物向上拋出。

請做好降雨的準備！

阻止即將來襲的風暴

找到一把用來砍柴的斧頭，將斧頭帶到你家的邊界，將斧頭高舉過頭，正對著急速流動的氣流揮舞斧頭（逆時針方向），彷彿在將氣流砍斷。風力將會減弱，風暴將會移至其他地方，不會傷害你和你的財產，因為這鋒利的斧頭魔法已經生效。

這個魔法曾一度流行於農人之間，因為雨會破壞他們即將到來的收成。

止雨法

用兩根木棍製作一個十字架（等臂十字架），撒上鹽，雨應該就會停止。請在戶外施法。

這些技巧可能有效，但再度強調，也可能無效。人類出於想控制環境的慾望而在幾千年前構思出這些技巧，但這是不可能發生的。我們無法控制天氣，正如我們無法控制地震一樣。除非大自然同意放手，否則更大的麻煩肯定會接踵而至。

讓大地以自己的方式行事；讓它定期宣洩，只在迫切需要時才使用這些萬不得已的咒術。

只有在這樣的條件下它們才會生效。

在本章的最後提供一個實用的注意事項：據說在戶外煮雞蛋會導致下雨，下次當你外出露營時，記得先將蛋煮好，除非你想度過濕淋淋的假期！

海魔法

Sea Magic

17

✦

海魔法指的是在海邊進行的魔法，或是用海洋形塑或轉化的物品進行的魔法。

數千年來，大海始終受到人們的崇拜、恐懼、神聖化、祈禱、祭祀，或是崇敬。一直以來都是女神、男神、美人魚和男人魚、水妖和海怪的居所，可怕的怪物和迷人的女海妖也會在此引誘水手撞上凶險的岩礁而死亡。

海浪下潛藏著古老的傳說土地與文明：亞特蘭提斯（Atlantis）、列木里亞（Lemuria）及萊昂內斯（Lyonesse）等等，所有的生命都由此誕生。因此，大海既是起點也是終點，是開始也是結束，是所有生命的起源，也為生命帶來滋養。不論是古代還是現代，人口中心都靠近河川或海岸。這裡很容易取得食物：魚、貝類和海藻，也是以蘆葦和瀝青、木料和麻繩製作的小艇，以及後來設計更精密的船能夠漂浮並旅行至遠方的平臺。

那些飲食和生活都仰賴大海的人因此將大海擬人化：從深海中升起的男神和女神們敞開慈愛的雙臂，擁抱這些純樸的人，或是掀起巨浪粉碎他們脆弱的船隻並沖走村莊。就像溪流、水井和河川受到崇敬一樣，大海也是如此，相關的魔法會隨著宗教儀式一同執行，至今仍是如此。

許多古老的海神如今成了書中內容：波賽頓（Poseidon）、愛西斯（Isis）、林瑞（Llyr）、蓬托斯（Pontus）、馬利（Mari）、涅普頓（Neptune）、修尼（Shony）、提亞馬特（Tiamat）、狄倫（Dylan）及馬那南（Manannan）等，人們向這些神祇以及更多其他的神靈祭酒、焚香和獻祭。

但書上似乎沒提到的是，祂們至今仍然存在著：從海洋的嘆息聲中可聽到祂們的低語，而且祂們的力量會隨著月亮而消長。祂們潛伏著，等待著再度崛起和受到認可的機會到來。

儘管練習海魔法時無須崇拜海洋或海神，但你還是必須視海洋為廣大的能量寶庫而加以尊重。海洋孕育出我們的祖先，比我們生活的陸地還要久遠，比山脈、樹或石頭都還要古老，海洋就是時間本身。

雖然海魔法最好在靠近海洋的地方執行，但只要你能取得部分的工具，以下的許多咒術經稍微修改後便可在任何地方進行。

在裝滿水的碗中倒入鹽便可勉強充當海洋，裝了鹽水的浴缸也是。在古董店或專賣店尋找貝殼、沙子及海藻等等。

海魔法就像海洋本身一樣神祕而富有彈性，以下是一些海魔法。

✦ 潮汐 ✦

潮汐是海魔法中重要的一環，就如同月亮之於所有的魔法一樣。潮汐代表著海洋的心跳，我們可以開發並將漲潮的力量用在魔法上。

潮汐和月亮都有四個階段，因為潮汐就是受到月亮所影響：

1. **漲潮**，即開始出現潮汐時（從乾潮至滿潮期）。
2. **滿潮**，海洋在任何的二十四小時期間升至海灘的最高點。
3. **退潮**，潮汐開始退去（從滿潮至乾潮期）。
4. **乾潮**，海洋在任何的二十四小時期間降至海灘的最低點。通常不會將乾潮用於魔法中。

然而，乾潮是冥想和內省的理想時機，也很適合用來窺探前世。所有正向、具生產力的咒術都應在漲潮期間執行，包括生育、錢財、愛情與療癒等等。

傳統上滿潮是進行任何類型咒術的最佳時機，不論是正面或負面，好或壞的咒術。退潮時是最適合執行破壞或消除性質咒術的時期。

每天都有兩次的滿潮和乾潮期。大多數的休閒釣魚店和圖書館都有潮汐表，近海的城鎮報紙上也有。如果你住在海邊附近，請記下你想施做咒術那天的潮汐時間，並在盡可能靠近適當「階段」時執行魔法，以盡可能取得最佳成果。執行每一種咒術或魔法時都可以將這納入考量，但這並非必要。

如果要進行重要的儀式，當月最高的潮汐會是最幸運的時刻。你可研讀整個月份的潮汐表來判斷，找出海洋升至海灘時的最大高度，這就是最大的潮汐，而且總是對應到滿月。如果你無法等待，也不必擔心，這對咒術無害。

除了可以在滿潮時充分取得海洋的額外力量外，還有一個記錄潮汐的實用理由。在一片僻靜的海灘上進行儀式是真正令人回味無窮的神奇體驗，但如果潮水洶湧，該地區地形崎嶇且面對陡峭的懸崖，你可能會發現自己被困住了，哪裡也去不了。

某天晚上，我遇到了幾乎一模一樣的事。在海灘上度過了神奇的一晚後，潮水漲至危險的高度，我不得不在接近摸黑的情況下翻過接連不斷的崎嶇懸崖才能回到我的車裡，回頭一看，我發現海灘已在水面下。從那之後，我永遠都會記得記下潮汐的時間！

✦ 工具 ✦

海魔法的工具可在海中找到，或是被海浪沖至海灘上。有天然的，也有人造的工具，可能像大海本身一樣古老，也可能像黎明般嶄新。儘管使用的工具可能會依地區和時代而有所不同，在此將介紹一些最為著名的工具。

海貝

貝殼是來自海洋的贈禮，用來代表海神。螺旋狀的長形貝殼代表男神，而圓形的貝殼代表女神。幾世紀以來，寶螺（Cowrie）一直被用於後者。

正是出於這樣的理由，許多海巫師和魔法師在家中執行魔法時會將貝殼放在他們的聖壇上。在海邊施咒時，可將為特定目的收集的貝殼排成一圈，形成保護圈。

由於貝殼會被當作金錢使用，也可串起來作為飾品穿戴，有促進生育或吸引財富的功效。

取一個大的單殼（單片）貝殼，湊近耳邊，你會聽到海的聲音。讓海對你說話，你或許會聽到關於未來或過去的訊息，或是海的聲音可能會使你的心情平靜，也或許會接收到靈性訊息。

在海灘找到的特殊貝殼可製成護身符或幸運符。

家中的貝殼也能用來觀測海況。將貝殼拿在耳邊，如果貝殼裡的聲音很大聲，表示海浪波濤洶湧；如果很輕柔，表示海洋平靜無波。

將貝殼放在房子的入口可確保幸運進入家中。

在海邊儀式吹海螺或其他極大的單殼貝可驅除負面事物，並邀請神明和良善的靈進入你的儀式和咒術中。

漂流木

充滿海鹽的漂流木在海灘上被太陽曬乾，是神祕儀式火堆的天然燃料，經常在魔法中扮演重要角色（見第七章：火系魔法）。

漂流木可用於咒術中。取一塊適合的漂流木，用刀刻上你的需求，將漂流木扔進海中，懇請它滿足你的需求。

視你的需求而定，可為較小的漂流木加上保護符碼，作為吸引或驅逐力量的幸運符或護身符穿戴。

漂流木可製成魔杖，可用這根魔杖在沙子上畫圈，可在圓圈中進行魔法，也能用來在沙子上畫出盧恩符文。關於使用的木材大小、形狀或類型沒有一定的規則；無論大海提供什麼都很好。

釣魚用浮標

在美國西北部太平洋的海灘上，有釣魚用浮標被沖到海灘上，世界上許多地方的海岸線也是如此。

許多年前，這所有用於固定漁網的浮標都是以玻璃製成的，而且通常為藍色或綠色。玻璃很厚，因此在掉落或破掉時，浮漂會「彈出」，而球的底部是略為突起的玻璃，即製造時用來密封球體的物品。

遺憾的是，今日使用的釣魚用浮標大多為塑膠材質。如果你在海灘上找到了玻璃球，那你就是超級幸運。如果找不到，請至古董店或禮品店購買。務必確定這顆球曾實際用於海中，因為海洋可為玻璃球充電並賦予力量。

不論你找到的是舊的還是新的球，請在滿潮時帶到海邊，浸入水中三次，並說出以下字句：

藍色（或綠色）的玻璃球在此，我為汝裝載能量

請為我帶來靈性的恩賜。

在碰到鹽時釋出你的力量！

這是我的心願，衷心祈禱。

將玻璃球帶回家，用藍綠色的布包好，存放在安全的地方。

現在這顆漁撈用浮球就像水晶球，可用來進行窺視預測。將它取出，在底部塗上少許鹽水，放在布中，進行窺視預測。

有孔石

如果你在海邊發現一塊有洞的石頭，請將它帶走，因為這是寶貴的魔法工具。有洞或「有孔」(holey，讀音同 holy 神聖的)的石頭可掛在家中，或是用繩子穿戴在脖子上，以提供保護，而且還能用在許多其他的魔法用途上。

取一顆有孔石，找一根粗細剛好可穿過洞的木棍，將木棍穩穩地卡在洞中，丟入大海，愛情便會隨之而來。

如果想看到海上的幽靈，請在夜晚的滿潮期間將有孔石帶到海邊，閉上一隻眼睛，面向大海，將有孔石擺在張開的那隻眼前，從孔洞看過去，便可看到幽靈。

若要進行療癒，可將一顆有孔石放入你的洗澡水中，加鹽後進入水中。這顆石頭只能用於這個目的。

有孔石是最寶貴的魔法工具之一，而且免費，是來自大海的餽贈。既然是永恆和大自然女性力量的象徵，它不僅是幸運物，也是有效的魔法工具，而且確實是神聖的。

海藻

儘管海藻是世界上許多地方的重要食物來源，但在西方很少使用，除非用於加工和保存不同的食物和產品，例如牙膏和冰淇淋。然而，海藻有許多魔法用途。

在戶外將任何種類的小片海藻曬乾。在完全乾燥時，掛在家中，這將確保房屋的結構安全，遠離火災。

乾海藻也可用來在海灘上生火，也可以掛在外面作為天氣預報工具。當海藻枯萎時，天氣就會晴朗。然而，當海藻膨脹且摸起來潮濕時，很可能會是潮濕的天氣。

在一罐威士忌中放入一小片海藻，將蓋子蓋緊，擺在可照到陽光的窗戶前，便可為家中招財。應每天搖動罐子。

以下是一系列現今使用的海咒術。只要你靠近海邊，或甚至是大湖或河流，任何人都可以進行這些魔法。

淨化

當你感覺受到詛咒、被下符，或是因為恐懼和焦慮而心煩意亂時，可在黎明時分走入大海中。讓海浪沖刷你，並說出類似以下的字句：

在一切生命的起源處，
我進行這淨化的動作。
海浪拍打我的身心，
塵埃落入潔淨的大海。
我煥然一新。
清新如海。
這時從水中出來，走向沙灘，讓風吹乾你的身體，這樣就完成了。

出神

坐在滿潮線以上的海灘，眼睛閉上，放鬆並傾聽海洋的拍打和流動，你便能進入出神狀態。

或是看著滿月映照在海洋上的倒影；用眼睛追蹤它的路徑直到地平線，然後再回到自己身上，重複這樣的動作直到進入出神狀態。

海巫瓶

一大清早，最好是在剛滿潮後，帶著一個栓緊蓋子的大玻璃罐（例如罐頭或蛋黃醬的罐子）和一個袋子到海邊。

走在海灘上，一邊收集小塊的漂流木、貝殼、石頭；被海浪沖到沙灘上的天然物品，放入袋中。

收集幾樣物品後，停下來，坐在海灘上，將這些物品在你面前攤開，將物品逐一放入罐中，同時說出：

我找到的海洋護身符，

你的保護能量已封存。

在每樣物品都放入罐中時，加入半把新鮮的沙子，並裝滿海水。

將蓋子蓋緊或塞上軟木塞，帶回家。如果可以的話，請在你的房產靠近前廊處，在地上挖一個足以容納這個瓶子的大洞。在將瓶子放入洞中時，說出以下字句：

沙灘上的波浪，運行中的潮汐，

你現在是寂靜的海洋。

驅除諸惡於海，
這是我的心願，衷心祈禱。

蓋上瓶蓋，讓地面恢復至正常的外觀。如果你無法將瓶子埋起，可藏在花盆裡，蓋上泥土或沙子，擺在戶外靠近家裡的某處。

這個罐子將成為你的家及所有住在其中的人的保護裝置。

傳送力量

坐在海灘上冥想，觀想你的需求，感受力量，在能量達到高峰時，維持這個能量至海浪撞擊沙灘，然後再釋放能量，海浪會將力量無比放大。

海洋愛情咒

在滿潮的星期五，最好是在夜晚，帶著一顆蘋果和一些丁香到海邊。在海灘上，將丁香嵌入蘋果中，排成三個象徵愛情的盧恩符文（見附錄二）。

用你的力量手握住這顆蘋果，注入你對愛情的需求，同時說出類似以下的字句：

愛之蘋果，火之丁香，
這是我的需求，我的渴望！

盡可能將蘋果丟到很遠很遠的海裡，應得如是。

水桶咒

用一個鑲鐵邊的水桶裝入海水，再將水倒回，再重複兩次同樣的動作，而且每次將水倒回海中時請說：

我把你的東西還給你，
請將我的東西還給我。

這項咒術是用來將水手和漁民安全地從海上帶回家。

與海上的人溝通

在一個大的水晶容器中裝入海水，將容器放在沙灘上，坐在容器前，雙手的手掌朝下放在水面上，生動地觀想你想聯絡的人的臉。將雙手移開，用你的想像力在水面上「書寫」你的訊息。

接下來將水倒入海中，這項咒術便會將你的訊息傳遞給海上的那個人。

海咒術

這是個萬用咒術。

在開始漲潮時（乾潮後，滿潮前）來到海邊。坐在碎波線上方且臨近碎波線的沙灘上，用手指畫出一個直徑約30公分的圓。

接著在你畫出的圓圈內畫出代表你需求的盧恩符文或圖像。畫畫的同時，觀想藍色的液態火焰燃燒著你手指畫過的沙灘。畫好圖後，看著力量停駐在濕沙灘上的溝紋中，就像散發著磷光的水形成符合你需求的完美圖案，堅定地觀想。

這時，向後退，等待海浪升起並沖走你的設計，同時釋放能量去執行你的命令。

某天，當我在下著小雨的海灘上進行這項咒術時，我站著等待海浪將它沖走。就在此時，我感覺到一股能量從我在沙灘上繪製的盧恩符文中射出，擊中了我的胸膛。那是貨真價實的身體感受，能量前行，而且確實實現了我的需求。

貝殼咒

在海灘上收集足夠數量的貝殼，需要像拋光的標本般完美，只要是整顆且完整的貝殼就好。當然要在適當的潮汐期間進行。

站在一片僻靜的海灘上，手裡拿著貝殼（或袋子），看著海浪一會兒。每第七個或九個海浪應該會比其他的海浪要大，雖然這應該只是迷信，但我觀察到美國西海岸的海浪有這樣的規律。

在較大的浪之後，隨即將貝殼擺在剛被沖刷過的沙灘上，排出代表你需求的概略圖像。或是如果你想要的話，也可以單純用貝殼排出代表你需求的文字即可。

動作迅速，接著向後站，等著大浪回來。如果在大浪襲來時，你的貝殼跟著滾進海中，願望就會實現。

附錄一
色彩

✦

白色：保護、和平、純淨、真相
綠色：療癒、錢財、繁榮、幸運、生育力
棕色：實物、動物療癒、房屋和家庭
粉紅色：情感之愛、友誼
紅色：性愛、熱情、能量、熱忱、勇氣
黃色：靈視力、占卜、研究、學習、心智
紫色：力量、療癒致命疾病
藍色：療癒、冥想、寧靜
橘色：力量、權威、吸引力、幸運
黑色：吸收、破壞負面能量

附錄二

盧恩符文

✦

愛情

撫慰

完成不可能的事

財產——
代表有形物體

金錢

生育力

療癒

保護

健康

保護

附錄三

藥草

✦

適合各種魔法需求的推薦藥草列在適當的標題下方：

商業

安息香

肉桂

占卜

茴香

桍樹

月桂

拳參（Bistort）

菊苣

肉桂

委陵菜（Cinquefoil）

小米草（Eyebright）

一枝黃花（Goldenrod）

洋乳香

杜松

萬壽菊

艾草

肉豆蔻

廣藿香

玫瑰

迷迭香

檀香

八角茴香

百里香

苦艾

西洋蓍草

生育力

黃瓜

曼德拉草

香桃木

橡樹

松樹
石榴
罌粟
玫瑰
向日葵
核桃

療癒

莧菜
銀蓮花
蘋果
梣樹
基列的乳香
康乃馨
肉桂
尤加利
啤酒花
薰衣草
沒藥
水仙花
洋蔥
胡椒薄荷
紅色天竺葵
玫瑰
迷迭香
芸香
鼠尾草
檀香
綠薄荷
薊
堇菜

愛情

蘋果
紫菀
葛縷子
香菜
孜然
茉莉
薰衣草
獨活草
馬鬱蘭
繡線菊
香桃木
柳橙
鳶尾花
迷迭香
洋委陵菜
馬鞭草
堇菜
西洋蓍草

精神力量

基列的乳香
葛縷子
丁香
榛樹
忍冬
薰衣草
長春花
迷迭香
芸香

金錢

杏仁
羅勒
香檸檬
歐洲甜瓜
黃金菊
委陵菜
丁香
征服者高約翰根（High John the Conqueror）
忍冬
牛膝草
茉莉
薄荷
廣藿香
松樹

鼠尾草
擦樹
馬鞭草
小麥

平靜

羅勒
孜然
乳香
玫瑰
纈草

保護

當歸
梣樹
乳香
月桂
仙客來
蒔蘿
小茴香
蕨類
牛膝草
槲寄生
毛蕊花
牡丹
香天竺葵
迷迭香
花楸
芸香
聖約翰草
金魚草
龍蒿
馬鞭草

淨化

茴香
羅勒
月桂
龍血脂
接骨木
乳香
牛膝草
薰衣草
檸檬
檸檬馬鞭草
獨活草
沒藥
柳橙
胡椒薄荷
松樹
迷迭香
芸香
番紅花
檀香
玉竹

青春

黃花九輪草
薰衣草
菩提
橡樹
迷迭香
鼠尾草